SWU-NAP- 004

NAPOLEONE I
DA AUSTERLITZ A FRIEDLAND.
SCRITTI, DISCORSI, BOLLETTINI,
1805- 1807

PIERLUGI ROMEO DI COLLOREDO MELS

Tavole del
Col. Stefano Manni dell'Isola di Torre Maìna

SOLDIERSHOP PUBLISHING

AUTORI

 Il conte **Pierluigi Romeo di Colloredo Mels** è archeologo professionista e storico militare; già ufficiale dei Granatieri di Sardegna;, è autore di numerosi articoli scientifici e saggi storici, ha pubblicato, tra gli altri, *I Cavalieri della Croce Nera. L'Ordensbuch del 1264: Statuto, Regola e Storia militare dell'Ordine Teutonico*, Genova 2009 che comprende la prima traduzione in italiano della Regola e dello Statuto dell'Ordine Teutonico del 1264; *La battaglia dimenticata. Monte Celio, 12 aprile 1498*, Bergamo 2016; *Rodolfo di Colloredo, un FeldMaresciallo italiano nella Guerra dei Trent'Anni*, Bergamo 2017, *Dalla torre cade un suono di bronzo*, Bergamo 2018, *La battaglia di Montaperti* (con Mario Cristini, in due volumi), Bergamo 2019, *Anghiari 1440* (con Fabrizio Formica), Bergamo 2019, *Le guerre di Carlo d'Angiò. Dalle battaglie di Benevento e Tagliacozzo alla guerra dei Vespri*, Bergamo 2019. E' il Presidente dell'Ass. *Aristocrazia Europea*.

 Il Colonnello a. (ter.) spe RN (ris.) **Stefano Manni dell'Isola di Torre Maìna** è discendente da antica e nobile famiglia modenese; ha frequentata l'Accademia Militare di Modena dalla quale è uscito ufficiale di Artiglieria e la Scuola d'Applicazione d'Arma di Torino ed assegnato al Reggimento Artiglieria a cavallo di Milano; ha frequentato la Scuola di Guerra di Civitavecchia ed è laureato in Scienze Strategiche all'Università di Torino. Ha partecipato a missioni internazionali nei Balcani, Africa Occidentale ed Afghanistan. E' stato Comandante del 1° Gruppo "Voloire" presso il Reggimento Artiglieria a Cavallo; ha prestato servizio presso il Comando del Corpo d'Armata N.A.T.O. di Reazione Rapida a guida Italiana, di stanza in Solbiate Olona (VA). Nel tempo libero, si diletta di pittura e disegno e pianoforte; pratica l'equitazione e paracadutismo sportivo acrobatico.

Opera pubblicata sotto il patrocinio dell'**Associazione** *Aristocrazia Europea*1 in occasione del 250° Anniversario della nascita di Napoleone I.

RINGRAZIAMENTI

P. Romeo di Colloredo Mels desidera ringraziare il NH Avv. Yuri Tartari, ideatore egestore del sito www.galleriasm.it "Una finestra aperta sulla grande epòque", sito che raggruppa i lavori grafici e pittorici del col. Manni dell'Isola di Torre Maìna, e l'Architetto Vittorio Gabriotti, proprietari di diverse opere qui presentate per averne gentilmente consentita la riproduzione.

NAPOLEONE I - DA AUSTERLITZ A FRIEDLAND. SCRITTI, DISCORSI, BOLLETTINI, 1805- 1807
a cura di Pierluigi Romeo di Colloredo Mels. Tavole del Col. Stefano Manni dell'Isola di Torre Maìna.
Prima edizione Settembre 2019 Cover & Art Design: Luca S. Cristini.
ISBN code: 978-88-93275071

Luca Cristini Editore per i tipi Soldiershop, via Orio 35/4 - 24050 Zanica (BG) ITALY. wwwsoldiershop.com

PIERLUGI ROMEO DI COLLOREDO MELS

Napoleone I
DA AUSTERLITZ A FRIEDLAND
SCRITTI, DISCORSI, BOLLETTINI
1805- 1807

TAVOLE DEL COL. STEFANO MANNI DELL'ISOLA DI TORRE MAÌNA

INDICE

Il dit, en galopant sur le front de bandière:
« Soldats, il faut finir par un coup de tonnerre! »
Il va, tachant de gris l'état-major vermeil ;
L'armée est une mer ; il attend le soleil;
Il le voit se lever du haut d'un promontoire;
Et, d'un sourire, il met ce soleil dans l'Histoire!

E. Rostand, L'Aiglon

Intraprese molte guerre, si impadronì di fortezze e uccise i re della terra;
arrivò sino ai confini della terra e raccolse le spoglie di molti popoli.

Davanti a lui la terra tacque; il suo cuore si esaltò e si gonfiò di orgoglio.

Radunò forze ingenti e conquistò regioni, popoli e principi, che divennero suoi tributari.

(1 Mc, 2-4.)

PREMESSA

Nel duecentocinquantesimo anniversario della nascita di Napoleone I, Imperatore dei Francesi e Re d'Italia, abbiamo pensato, insieme all'amico editore Luca Stefano Cristini, di presentare al lettore appassionato della *Grande Epopea* il racconto del momento più splendido dell'avventura imperiale, quello che va dalle vittorie del 1805 alla pace di Tilsitt, attraverso le parole scritte dallo stesso protagonista ed artefice, Napoleone, raccogliendo i più importanti documenti usciti dalla penna del Bonaparte, comprese le lettere, i proclami all'Esercito, i Bollettini di guerra che tanta parte ebbero nella costruzione della leggenda napoleonica; e siccome è celebre il detto *Falso come un bollettino di guerra*, abbiamo pensato di aggiungere le lettere indirizzate all'imperatrice Giuseppina, ben più personali e che alla narrazione degli eventi aggiungono note più intime e personali, che rendono ben più umana la figura dell'Imperatore.

Vale la pena di leggere queste pagine. Per la loro importanza storica e poi perché sono belle. Leonardo Sciascia scrisse, prefacendo una raccolta di scritti giovanili del Bonaparte[1], che *se Napoleone non fosse stato Napoleone sarebbe stato Stendhal*; e Guido Gerosa, nella sua biografia napoleonica non esita ad affermare che *i suoi proclami sono i testi più belli della storia contemporanea*[2].

Battaglie come Austerlitz, Jena ed Auerstadt, Preussisch-Eylau e Friedland grazie anche al modo in cui vengono presentate nei celebri bollettini dell'armata e raccontate poi dal loro principale protagonista negli anni dell'esilio, tali guerre assumono un valore epico, divenendo spesso fonte di ispirazione per la cultura romantica.

▲ Andrea Appiani, Napoleone I re d'Italia. (Coll. D'Orto. Si ringrazia il Dott. Salvatore D'Orto per la gentile concessione).

Sono la versione dello stesso Napoleone sugli anni più travolgenti dell'impero, iniziatisi nel 1805 con la manovra rapidissima che portò l'*Armée d'Angleterre*, ribattezzata in quell'occasione *Grande Armée*, dal campo di Boulogne, sulla costa della Manica, a penetrare in Germania, costringendo alla resa l'armata austriaca di Mack il 16 ottobre, e, presa Vienna, ad annientare l'esercito coalizzato austro-russo nella battaglia di Austerlitz il due dicembre, anniversario della consacrazione di Napoleone ad imperatore, sigillando il destino ultimo del Sacro Romano Impero, che non era né sacro, né romano, e nemmeno un impero, come disse Goethe; nel 1806 nel giro di soli quindici giorni dall'inizio della guerra sarà la volta della Prussia di venir battuta contemporaneamente il 14 ottobre sui campi di battaglia di Jena e di Auerstädt (dove Davout ottenne la vittoria decisiva sul grosso dell'esercito nemico, al comando del re e del duca di Brunswick, vittoria oscurata dalla contemporanea battaglia di Jena, dov'era presente l'Imperatore[3]), e fu in questi giorni che Hegel vedendo entrare l'Imperatore a

1   L, Sciascia, *Nota*, in N. Bonaparte, *Clisson ed Eugénie*, Palermo 1980.

2   G. Gerosa, *Napoleone*, Milano 1995, p.135.

3   Si vedrà come nel bollettino la battaglia di Auerstädt sia quasi completamente ignorata. Però Davout ricevette il titolo di Duca di Auerstädt, mentre a Jena non venne associato alcun titolo nobiliare.

"Ho visto l'Imperatore, questo Spirito del mondo, uscire dalla città per andare in ricognizione. E' una sensazione meravigliosa vedere un tale individuo che qui, concentrato in un punto, seduto su un cavallo, si irradia sul mondo e lo domina"
Georg W. Friderich Hegel, 1806. (Job, Napoleone attraversa Jena dopo la battaglia)

Jena disse d'aver veduto *der Weltgeist*, lo *Spirito del mondo*; fu poi la volta della prima campagna di Polonia contro i russi nell'inverno del 1807, con il bagno di sangue nell'indecisa battaglia di Preussisch- Eylau, combattuta sotto bufere di neve, e conclusasi con la sconfitta dello zar Alessandro I a Friedland, nel settimo anniversario della battaglia di Marengo; la pace di Tilsitt tra i due imperatori ed il re di Prussia sembrò sigillare il destino dell'Europa sotto il dominio delle Aquile francesi. Una breve parentesi: di lì a poco l'obbiettivo di Napoleone sarebbero stati il Portogallo e la Spagna, e ciò sarebbe stato il principio della fine.

E' un nuovo modo di condurre la guerra, iniziato sotto la Rivoluzione: rapido, spietato, efficente.

Come scrive Alessandro Barbero, l'epoca delle guerre rivoluzionarie e napoleoniche vide gli stati europei impegnati per un quarto di secolo in una lotta mortale, dalle connotazioni profondamente ideologiche, la cui posta era largamente percepita come la libertà o addirittura la sopravvivenza delle nazioni.

Napoleone colse per primo e meglio di chiunque altro questa nuova realtà e ne trasse le dovute conseguenze. Non aveva più senso fare la guerra per conquistare una provincia o per imporre un cambio di dinastia in un paese più o meno importante: ogni guerra era fatta per la vita o per la morte, e doveva perciò essere condotta con la massima spietatezza mirando a un solo obiettivo, la completa sottomissione dell'avversario. Alle guerre limitate combattute sotto l'Antico regime Napoleone sostituì la guerra totale, che per quanto possibile doveva anche essere una guerra lampo: una sola campagna poteva bastare per raggiungere lo scopo, a patto di cercare la soluzione del conflitto attraverso una battaglia decisiva, sufficiente a spezzare la volontà di resistenza dello sconfitto[4].

Abbiamo scelto di presentare gli scritti napoleonici nella versione italiana di Ferdinando Banalli, uscita a Firenze nel 1847[5], dopo averla raffrontata con quella francese, per conservare il sapore d'epoca dello stile napoleonico, in una sorta di arcaismo che si ritrova anche nella differenza tra il francese degli inizi del XIX secolo e quello attuale, pur attuando modificazioni laddove ci è sembrato necessario per una migliore comprensione del testo (p.e. *cavalleria pesante* anziché *cavalleria lorda*, *Sassia* per *Sassonia*, *riscossa* per *riserva*, *imperio* per *Impero*, *prosunzione* per *presunzione*, *Davoust* per *Davout*, etc.).

Siamo infine, *last but not least,* orgogliosi di presentare nella parte illustrativa, oltre ad alcune delle splendide tavole di Job[6], alcune opere del caro amico e consocio di *Aristocrazia Europea* NH Colonnello Stefano Manni dell'Isola di Torre Maìna, già 78° Comandante del gloriosissimo I° Gruppo "Voloire" del Reggimento Artiglieria a Cavallo, che unisce alla passione per la storia militare e l'uniformologia una straordinaria capacità pittorica ad olio, che ne fanno uno tra i maggiori pittori militari viventi, degno erede di Ernest Meissonier, Edouard Detaille e di Lucien Rousselot.

E proprio non crediamo di esagerare.

Conte S.R.I. Pierluigi Romeo di Colloredo Mels,
Presidente dell'Ass. **Aristocrazia Europea.**

---

4   A. Barbero, *La guerra in Europa dal Rinascimento a Napoleone*, Roma 2003, p.65.
5   *Opere scelte di Napoleone I, ordinate in modo da formare la sua storia, e recate in Italiano da Ferdinando Banalli*, Firenze 1847. Tratto da *Oeuvres de Napoleon Bonaparte...* Paris 1821.
6   Jaques Onfroy de Bréville (1858- 1931), uno dei massimi illustratori militari francesi; cfr. F Robichon (préf. S. A. le prince Napoléon Murat), *Job ou l'Histoire illustrée*, Paris 1984.

Napoleone arringa la cavalleria prima della battaglia di Austerlitz (Job).

1. LA CAMPAGNA DI GERMANIA DEL 1805: ULM E AUSTERLITZ

Il vous suffira de dire: j'étais à la bataille d'Austerlitz, pour qu'on vous réponde: voilà un brave !
(Napoleone I)

DAL CAMPO DI BOULOGNE ALLA MANOVRA DI ULM

LETTERA ALL'IMPERATRICE GIUSEPPINA, A STRASBURGO.

1° vendemmiaio, ad 1 ora di mattino, anno XIV. (23 settembre 1805).

Sono ancora qui in buona salute. Parto per Stoccarda dove sarò questa sera.
I grandi movimenti cominciano.
L'armata di Wurtemberg [sic] e di Baden si è unita alla mia.
Sono in buona salute, e ti amo.

DISCORSO AL SENATO FRANCESE PRIMA DELLA PARTENZA PER LA GERMANIA.

Parigi, 1 vendemmiaio an. XIV (23 settembre 1805).

Nei presenti casi di Europa, sento il bisogno di trovarmi fra voi, o Senatori, e di farvi manifesti i miei sentimenti. Lascio la capitale per mettermi alla testa dell'esercito, e recare un pronto aiuto ai miei collegati, e difendere i più cari diritti dei miei popoli.

Conciossiachè i voti dei perpetui avversari del continente sono stati esauditi, la guerra si è accesa nel cuor d'Alemagna; l'Austria e la Russia si sono ad essa congiunte, e la nostra generazione è tratta di nuovo in tutti i disastri della guerra.

Pochi giorni fa io speravo sempre che la pace non sarebbe stata turbata; dacchè minaccie e ingiurie non m'avevano smosso.

Ma l'esercito austriaco ha valicato l'Inn, ghermito Monaco, cacciato dalla sua capitale l'elettore di Baviera; talchè tutte le mie speranze si sono dileguate.

Ora veramente si è tutta spiegata la perfidia dei nemici del continente: i quali temevano sempre la manifestazione del mio fortissimo amore per la pace, e temevano altresì che l'Austria, guardando l'abisso che le avevano aperto sotto i piè, non tornasse a sentimenti di giustizia e di moderazione; e quindi l'ha fatta precipitare nella guerra.

Piango per il sangue che correrà in Europa: ma nuovo splendor di gloria ne acquisterà il nome francese. Quando il vostro voto, o Senatori, e la voce di tutto il popolo francese mi davano la corona imperiale, io contrassi con voi e con tutti i cittadini l'obbligo di mantenerla intera e senza macchia.

E quel popolo che ad ogni occasione mi ha dato prove di fiducia e d'affetto, volerà sotto le bandiere del suo Imperatore e del suo esercito, che in pochi giorni avranno le frontiere varcato.

Magistrati, soldati, cittadini, tutti vogliono che la patria sia libera dall'autorità dell'Inghilterra: la quale, dove trionfasse, noi avremmo da lei una vergognosa e indegna pace; le cui principali condizioni sarebbero il bruciamento delle nostre navi, la chiusura dei nostri porti, la morte del nostro commercio.

Tutte le promesse che al popolo Francese ho fatto, ho mantenute; ed egli alla sua volta non ha mancato verso di me delle promesse sue. Onde in un caso di tanto momento per la sua gloria e la mia, continuerà a meritare quel nome di grande popolo, col quale io in mezzo a campi di guerra l'ho salutato.

Farà, o Francesi, il dover suo il vostro Imperatore; i miei soldati faranno il loro; voi farete il vostro.

DISCORSO DELL'IMPERATORE ALL'ESERCITO.

Strasburgo, 7 vendemmiaio anno XIV. (29 settembre 1805.)

Soldati, la guerra della terza Coalizione è principiata.

L'esercito austriaco ha valicato l'Inn, violato i trattati, attaccato e cacciato della sua sede il nostro collegato.

E voi medesimi avete a rapide marce dovuto accorrere alla difensione delle nostre frontiere.

Già passato il Reno, niente più ci riterrà in fino che non avremo arrecato sicurtà al Corpo germanico, aiutato i nostri confederati, e confusa la superbia degl'iniqui assalitori.

Non faremo più pace senza guarentigie: né saremo più generosi a danno della nostra politica.

Il vostro Imperatore, o soldati, è in mezzo a voi, i quali non siete che avanguardia del gran popolo, pronto a levarsi tutto alla sua voce per abbattere e disciogliere questa nuova lega formata dall'odio e dall'oro d'Inghilterra.

Ma, o soldati, ci bisognerà fare accelerati cammini, sostenere fatiche e privazioni d'ogni sorte.

Pur quantunque stanchi, vinceremo, né prenderem riposo se non quando avremo piantate le nostre Aquile nelle terre dei nemici.

ALL'IMPERATRICE, A STRASBURGO.

12 vendemmiaio, a mezzogiorno, anno XIV. (4 ottobre 1805.)

Sono a Louisbourg, e parto questa notte.

Non vi è ancora nulla di nuovo. Tutta la mia armata marcia. Il tempo è superbo.

La mia alleanza coi Bavaresi è fatta.

Io sto bene. Spero d'avere fra pochi giorni qualche cosa d'interessante da mandare costà.

Sta bene, e credi a tutti i miei sentimenti.

Qui vi è una superba corte, una novella sposa bellissima, ed in generale gente amabilissima; anche la nostra elettrice pare assai buona, quantunque figlia del re d'Inghilterra.

ALL'IMPERATRICE, A STRASBURGO.

Louisbourg, 13 vendemmiaio, anno XIV (8 ottobre 1805.)

Parto adesso per continuare la mia marcia.

Starai, mia cara, cinque o sei giorni senza ricevere mie nuove; non metterti in pensiero per ciò; questo nasce dalle operazioni che debbono aver luogo.

Tutto va a meraviglia come io speravo. Ho qui assistito alle nozze del figlio dell'elettore con una nipote del re di Prussia.

Desidero fare un regalo alla giovane principessa che ammonti da 36 a 40.000 franchi.

Faglielo fare, e mandalo alla novella sposa, per uno dei miei ciambellani quando verranno a raggiungermi.

Bisogna però che questo sia fatto sul momento.

Addio, mia cara amica, ti amo, e ti abbraccio.

A GIUSEPPINA, A STRASBURGO.

Augsbourg, giovedì 18 vendemmiaio, a 11 ore del mattino (10 ottobre 1805.)

Ho dormito oggi in casa dell'antico elettore di Treviri[7], il quale ha una bellissima dimora. Sono otto giorni che corro.

Notabili successi hanno cominciata la campagna. Io sto benissimo, benchè piova quasi tutti i giorni.

Gli avvenimenti si succedono con rapidità. Ho mandati in Francia 4000 prigionieri, bandiere, ed ho 14 pezzi d'artiglieria del nemico.

Addio, mia amica, ti abbraccio.

---

7   Nell'originale Trèves, la tedesca Trier.

A GIUSEPPINA, A STRASBURGO.

20 vendemmiaio, a 1 ora di sera anno XIV (12 ottobre 1805.)

La mia Armata è entrata in Monaco.

Una parte del nemico è di là dall'Inn, l'altra armata di 60.000 uomini la tengo bloccata sull'Iller, fra Ulm e Memming. Il nemico è battuto, ed ha perduta la testa, cosicchè tutto mi annuncia la più felice e brillante campagna che sia stata fatta,

Fra un'ora parto per Burgau sull'Iller.

Io sto bene, ed il tempo è orribile. Cambio i vestiti due volte al giorno, da quanto piove.

Ti amo e ti abbraccio.

LA CAPITOLAZIONE DI ULM, 16 OTTOBRE 1805

BOLLETTINO DELA *GRANDE ARMÉE*, COMPILATO SOTTO GLI OCCHI DELL'IMPERATORE.

Elchingen, 26 vendemmiaio anno XIV (18 ottobre 1805.)

La battaglia d'Ulm è una delle più gloriose nella storia francese.

Qui inchiusa è la capitolazione della fortezza insieme con lo stato dei reggimenti che vi sono dentro.

L'Imperatore avrebbe potuto prenderla d'assalto, ma desiderando egli vivamente di risparmiare il sangue, non ha voluto incontrare una resistenza, che ventimila uomini, difesi da fortificazioni e da fossati avrebbero opposta.

Mack, capitano generale, era nella città; e par destino dei generali nemici l'esser presi nelle fortezze, tornandoci alla mente, che dopo i bei fatti della Brenta, il vecchio Maresciallo Wurmser fu fatto prigione in Mantova, e Melas in Alessandria. Ora Mack in Ulm.

Non aveva mai l'Austria mandato esercito più poderoso; componendosi di quattordici reggimenti di fanteria, i quali formavano il così detto esercito di Baviera, di tredici reggimenti dell'esercito del Tirolo, e di cinque reggimenti venuti in diligenza dall'Italia.

In tutto trentadue reggimenti di fanterie, e quindici di cavalleria.

L'Imperatore aveva condotto l'esercito del principe Ferdinando dove condusse quello di Melas.

Il quale dopo aver lungamente esitato, prese la nobile risoluzione di attraversare i corpi del l'esercito francese; il che di luogo alla battaglia di Marengo.

Mack ha preso altro partito: e poichè a Ulm imbocca un gran numero di strade, gli è venuto il pensiero di farle correre tutte da ciascuna delle sue divisioni, per raccozzarle quindi nel Tirolo e nella Boemia.

Frattanto le divisioni Hohenzollern e Werneck hanno sbucato per Memmingen : ma l'Imperatore fin dal dì 20 corse d'Osburg avanti Ulm, sgominò tosto i disegni del nemico, e fatto togliere il ponte e le fortificazioni d'Elchingen, rimediò a tutto.

Dopo avere il Maresciallo Soult preso Memmingen si die' a in seguire le altre colonne; sì che non restava più al principe Ferdinando altro compenso che di mantenersi chiuso a Ulm, o di provare a riunire per alcuni sentieri la divisione di Hohenzollern.

A questo secondo partito si è appigliato, rendendosi con quattro squadroni di Ferdinando: volle arrestarlo la divisione Werneck a Langeneau, ed egli la punì col farle tremila prigioni, fra quali era un uffiziale generale, e toglierle due bandiere.

Mentre quello operava dalla diritta parte in Heydenheim, il Maresciallo Lannes marciava per Aalen e Nordlingen.

Il marciare della divisione nemica travagliavano centocinquanta carriaggi: oltrechè ella aveva molto sofferto nella battaglia di Langeneau, dove il principe Murat fu assai contento del general Klein.

Particolar valore hanno mostrato la Ventesima compagnia di Dragoni, la Nona di fanteria leggiera, e i Cacciatori della Guardia Imperiale, e si è molto per prodezza segnalato Brunet, aiutante di campo.

Per tale combattimento non ha sofferto alcun ritardo la marciata del principe Murat: il quale rapidamente incamminatosi sopra Neresheim, vi è giunto il dì 25, a 5 ore della sera.

Quindi la divisione dei dragoni del general Klein die' addosso al nemico: e due bandiere, un uffiziale generale, e mille uomini sono stati presi combattendo, mentre il principe Ferdinando e sette de' suoi uffiziali appena ebbero il tempo di montare a cavallo.

Trovammo il loro desinare apparecchiato.

Nessun luogo dove riposarsi rimane loro da più giorni.

Pare che il principe Ferdinando non potrà altrimenti sottrarsi all'esercito francese, che mutando abiti, o fuggendo con alcune squadre per qualche strada che lo allontani dall'Alemagna.

Avendo il nostro Imperatore attraversato una folla di prigionieri nemici, un colonnello austriaco faceva le più grandi maraviglie nel vederlo bagnato, coperto di fango, affaticato più che l'ultimo tamburo dell'esercito. Informato da uno de' suoi aiutanti di campo, gli fece dire:

Il vostro padrone ha voluto farmi ricordare che io era un soldato: spero che la pompa e la porpora imperiale non m'abbia fatto sdimenticare la mia prima professione.

Maraviglioso spettacolo presentava l'esercito nel giorno 23.

Da due giorni diluviava. Tutti grondavano acqua; nessuna distribuzione di viveri era stata fatta alla soldatesca; il fango la copriva fino alle ginocchia; e non di meno la vista dell'Imperatore rallegrava ognuno, e al vederlo attraversare le intere colonne nelle stesse condizioni d'ogni altro soldato, le grida di *Viva l'Imperatore* andavano alle stelle.

L'Imperatore rispondeva agli offiziali che lo circondavano, e che ammiravano come nel maggior frangente i soldati dimenticavano tutte le loro privazioni, non d'altro rallegrandosi che di veder lui:

Hanno essi ragione, poichè fo ad essi provare sì grandi fatiche per risparmiare loro il sangue.

Nel tempo che l'esercito teneva le alture che sovrastano Ulm, chiamato il principe di Lichtenstein, general maggiore che era chiuso in quella città, fecegli palese il suo desiderio che scendesse a una capitolazione: chè prendendo la città d'assalto, sarebbe costretto di fare ciò che fece a Giaffa, dove la guarnigione fu passata per le armi, tristo diritto della guerra.

Risparmiasse a sè e alla prode nazione austriaca questo atto orribile, ma pur necessario.

Non essere la città più possibile a tenere; bisognare che s'arrenda.

Il principe insisteva perchè gli ufficiali e i soldati avessero facoltà di tornare in Austria.

Rispondeva l'Imperatore:

Ciò concedo agli uffiziali, e non ai soldati, poichè chi mi assicura che non sieno essi nuovamente adoperati?

Ma dopo breve pensare,

Ebbene, soggiunse, *fido nelle parole del principe Ferdinando.*
Al quale, se è in fortezza, vo' dargli una prova della mia stima, e a voi concedo ciò che mi domandate, sperando che la corte di Vienna non ismentirà la parola di uno de' suoi principi.

Ma avendo il signor di Lichtenstein assicurato, che il principe Ferdinando non era nella fortezza:

Non so in questo caso (allora disse l'Imperatore) *chi possa darmi sicurtà che i soldati che io rimanderò non saranno adoperati.*

Intanto una brigata di quattromila uomini occupa una delle porte della città d'Ulm.

Nella notte del 24 al 25, un'orribile burrasca si solleva; il Danubio, uscito del suo letto, rompe la maggior parte del ponti: il che reca a noi gran danno per la vettovaglia.

Il giorno 23 il Maresciallo Bernadotte spinge i suoi avanguardi fino a Wasserburg e Haag sull'argine di Braunau; fa altresì quattro o cinque prigioni al nemico togliendogli un parco con diciassette cannoni di vario peso;

e, dopo il suo ingresso a Monaco, senza aver perduto un sol uomo, acquista mille e cinquecento prigioni, diciannove cannoni, dugento cavalli, e una quantità di bagaglie.

L'Imperatore passò il Reno il 9 vendemmiaio; il Danubio il dì 14 a cinque ore di mattina; Lech lo stesso giorno tre ore dopo il mezzodì, le sue milizie sono entrate a Monaco il 20; i suoi avanguardi son giunti sopra l'Inn il dì 23. Lo stesso giorno era padrone di Memmingen, e il 25 di Ulm.

Nei combattimenti di Wurtigen, di Guntzuburg, d'Elchingen, e nelle giornate di Memmingen e d'Ulm, e nelle zuffe di Albeck di Langenau e di Neresheim, furono presi al nemico quarantamila uomini fra fanteria e cavalleria, più di quaranta bandiere, innumerevoli cannoni, bagaglio, e vetture: e per avere sì gran successo non era stato bisogno d'altro che di marce e movimenti, né più che cinquecento morti e mille feriti erano toccati all'esercito francese; onde il soldato diceva spesso:

L'Imperatore ha trovato un nuovo modo di far la guerra, servendosi più delle nostre gambe, che delle nostre baionette.

Si affliggono le trentesime dell'esercito di non avere sparato un colpo di fucile, ma tutti hanno molto marciato, raddoppiando la celerità conforme la speranza di aspettare il nemico.

Può farsi l'elogio del nostro esercito in due parole: degno del suo capo.

L'esercito austriaco è da riguardare come distrutto.

Gli Austriaci e i Russi dovranno fare molti appelli e reclutamenti per resistere alle armi francesi, vincitrici, senza quasi alcuna perdita, d'un esercito di centomila uomini.

A GIUSEPPINA, A STRASBURGO.

Elchingen 27 vendemmiaio anno XIV (19 ottobre 1805)

Mia buona Giuseppina, sono stato più affaticato che non bisognava. Una settimana intiera e tutti i giorni coll'acqua addosso, e i piedi freddi, mi ha fatto un poco di male; ma la giornata d'oggi in cui non sono escito, mi ha riposato.

Ho effettuato il mio disegno; ho distrutta l'armata austriaca a forza di semplici marcie; ho fatti 60.000 prigionieri, presi 120 pezzi di artiglieria, più di 90 bandiere, e più di 30 generali.

Ora vado sopra i Russi; essi sono perduti. Sono contento della mia armata. Non ho perduti che 1500 uomini dei quali i due terzi lievemente feriti.

Addio mia Giuseppina, mille amabili cose dovunque.

Il principe Carlo va a coprire Vienna. Credo che Massena già vi sia a quest'ora.

Appena sarò tranquillo in Italia, Eugenio verrà a battersi.

Mille cose amabili ad Ortensia.

DISCORSO ALL'ESERCITO .

Dopo la capitolazione d'Ulm, l'Imperatore così manifestò la propria soddisfazione all'Armée:

Elchingen 29 vendemmiaio anno XIV. (21 ottobre 1805)

Soldati della *Grande Armée!*

In quindici giorni abbiamo fatto una guerra, e i nostri disegni hanno avuto effetto, avendo dalla Baviera cacciato le milizie austriache, e restituito al nostro collegato la sovranità de' suoi Stati.

Quell'esercito, che ostinato quanto imprudente erasi condotto alle nostre frontiere, è distrutto.

Che importa all'Inghilterra? Ella ha ottenuto l'intento.

Non siamo più noi in Boulogne, e il suo appoggio non sarà né più né meno grande.

Di centomila uomini ond'era formato il detto esercito, sessantamila sono prigioni, i quali suppliranno a coscritti nelle formazioni delle compagnie.

Dugento cannoni, l'intero parco, novanta bandiere, tutti i generali sono in mano nostra. Non s'è salvato che un quindicimila uomini.

Soldati!

V'avevo annunziata una gran battaglia, mercè degli errori del nemico, ho potuto ottenere il medesimo fine senza correre i medesimi pericoli, e senza che ci dovesse costare un sì stupendo successo più che mille e cinquecento uomini di perdita.

Maraviglia nella storia delle nazioni!

Tanta vittoria, o soldati, è dovuta alla illimitata fiducia che avete posta nel vostro Imperatore, alla pazienza di sopportare le fatiche e le privazioni d'ogni sorte, alla vostra rara intrepidezza.

Ma noi non ci arresteremo qui.

Veggo la vostra impazienza nel dar principio a una seconda guerra; imperocchè a quell'esercito Russo, che l'oro inglese ha fatto uscire dall'estreme parti del mondo, dobbiamo far provare la stessa sorte.

Nel qual combattimento potrà più specialmente farsi onore la fanteria; e risolversi per la seconda volta la quistione già stata fatta in Svizzera e in Olanda: se la fanteria francese è la seconda o la prima d'Europa?

Non vi sono là generali, contro cui io possa acquistarmi nuova gloria.

Ogni mia cura sarà nell'ottenere la vittoria col minore spargimento di sangue possibile.

I miei soldati sono miei figliuoli.

ALL'IMPERATRICE, A STRASBURGO.

29 vendemmiaio a mezzogiorno, anno XIV (21 ottobre 1805.)

Io sto benissimo, mia cara amica. Parto subito per Augsbourg.

Qui ho fatto mettere abbasso le armi a 33.000 uomini.

Ho già da 60 a 7000 prigionieri, più di 90 bandiere e di 200 pezzi di artiglieria.

Giammai simile catastrofe è stata negli annali militari !

Stai bene. Sono un poco spossato. Sono tre giorni che fa bel tempo.

Oggi sfila per la Francia la prima colonna dei prigionieri.

Ciascuna colonna è di 6000 uomini.

DA ULM A VIENNA

ALL'IMPERATRICE, A STRASBURGO.

Augsbourg, 1° brumaio anno XIV (23 ottobre 1805.)

Le ultime due notti mi hanno ben riposato e domani parto per Monaco.

Mandami il Signor di Talleyrand ed il Signor Maret; ma li vedrò poco, poichè vado sull'Inn ad attaccare l'Austria nel seno de' suoi stati ereditari.

Avrei pure desiderato di vederti; ma non pensare che io ti chiami a meno che non vi sia un armistizio, oppure dei quartieri d'inverno.

Addio, amica mia; mille baci.

I miei complimenti a queste Signore.

ALL'IMPERATRICE, A STRASBURGO.

Monaco, domenica 5 brumaio anno XIV (27 ottobre 1805.)

Ho ricevuta da Lemarois la tua lettera.

Ho veduto con pena che tu eri molto inquieta.

Mi sono stati fatti dei dettagli che mi provano la tenerezza che tu hai per me; ma ci vuole più forza e fiducia.

Ti avevo d'altronde prevenuta che sarei stato sei giorni senza scriverti. Domani aspetto l'elettore.

A mezzogiorno parto per confermare il mio movimento sull'Inn.

La mia salute è buonissima. Non bisogna passare il Reno prima di quindici giorni.

Sii lieta, divertiti, e spera che prima della fine del mese ci vedremo.

Mi avanzo contro l'armata russa. Fra qualche giorno avrò passato l'Inn.

Addio, mia cara amica; mille amabili cose ad Ortensia, ad Eugenio, e ai due Napoleoni.

Tieni presso di te il presente regalo per qual che giorno ancora.

Ieri ho data un'accademia alle signore di questa corte. Il maestro di cappella è un uomo di merito.

Ho cacciato ieri in una bandita di fagiani dell'Elettore, e tu vedi che non sono affaticato.

Il Sig. di Talleyrand è arrivato.

ALL'IMPERATRICE, A STRASBURGO.

Haag l' 11 a 10 ore di sera brumaio anno XIV (3 novembre 1805.)

Sono in piena marcia; il tempo freddissimo, e la terra coperta da un piede di neve. È cosa un po' dura ; ma fortunatamente non mancano boschi; siamo qui sempre in mezzo alle foreste. Io sto benissimo.

I miei affari procedono in un modo soddisfacentissimo; i miei nemici devono essere più imbarazzati di me.

Desidero di avere le tue nuove, e sapere che siei senza inquietudini.

Addio, mia amica, vado a dormire.

ALL'IMPERATRICE, IN STRASBURGO.

Martedi 14 brumaio anno XIV (5 novembre 1805.)

Sono a Lintz. Fa bel tempo. Siamo a ventotto leghe da Vienna.

I Russi non resistono, e sono in piena ritirata.

La casa d'Austria è imbarazzatissima; a Vienna si evacuano tutti i bagagli della corte.

È probabile che di qui a cinque o sei giorni vi sia qualche cosa di nuovo.

Desidero tanto di vederti. La mia salute è ottima.

Ti abbraccio.

ALL'IMPERATRICE A STRASBURGO.

24 brumari a 9 ore di sera anno XIV (15 novembre 1805)

Sono a Vienna da due giorni, mia tenera amica, e sono un poco affaticato.

Non ho ancora veduta la città di giorno; l'ho percorsa di notte.

Domani ricevo i notabili e le deputazioni.

Quasi tutte le mie truppe sono di là dal Danubio ad inseguire i Russi.

Addio, mia Giuseppina; appena sarà pos sibile, ti farò venir qui.

Per te mille cose amabili.

ALL'IMPERATRICE, A STRASBURGO.

Vienna 25 brumaio anno XIV (16 novembre 1805)

Scrivo al Sig. di Harville perchè tu parta, e vada a Baden, di là a Stoccarda, e poi a Monaco.

A Stoccarda farai il regalo alla principessa Paola.

Basta che abbia il valore di quindici a ventimila franchi; il resto sarà buono per fare altri regali, a Monaco, alle figlie dell'Elettrice di Baviera.

Tutto quello che hai saputo dalla Signora di Seren* è definitivamente combinato. Porta teco cose da fare regali alle signore ed agli officiali che faranno il servizio presso di te. Sii riservata, ma ricevi tutti gli omaggi, poichè esse ti devono tutto, e tu non devi nulla che per convenienza.

L'elettrice di Wurtemberg è figlia del re d'Inghilterra, è una buona Signora, devi trattarla affabilmente, ma senza affettazione.

Sarò assai contento di vederti appena i miei affari me lo permetteranno. Parto per la mia vanguardia. Fa un tempo orribile, e nevica assai; del resto tutti i miei affari vanno bene.

L'alba di Austerlitz, di Job.
Da sinistra a destra si riconoscono il generale Rapp (in primo piano, che prende appunti), i Marescialli Berna-dotte, Davout, Lannes (di spalle), Murat e l'Imperatore. In secondo piano gli Aiutanti di campo dei Marescialli.

LA BATTAGLIA DI AUSTERLITZ, 11 FRIMAIO ANNO XIV (2 DICEMBRE 1805)

DISCORSO ALLA GRANDE ARMÉE ALLA VIGILIA DELLA BATTAGLIA DI AUSTERLITZ[8].

Austerlitz, 10 frimaio anno XIV. (1 dicembre 1805.)

L'esercito russo, o soldati, vien contro di voi per vendicare l'esercito austriaco disfatto a Ulm.

Esso è composto de' medesimi battaglioni che avete combattuti a Hollabrunn, e che infino a qui avete continuamente inseguiti.

Formidabili sono i luoghi che occupiamo, e intanto che essi marceranno per istornare la mia diritta[9], mi presenteranno il fianco[10].

Io stesso, o soldati, dirigerò i vostri battaglioni[11], e mi terrò lungi dal fuoco, se la vostra consueta bravura sbaraglierà e confonderà i nemici; ma vedreste il vostro Imperatore esporsi ai primi colpi qualora incerta pendesse la vittoria.

Ma per essa non deve essere incertezza alcuna in questa giornata, in cui va l'onore della fanteria francese, che tanto importa all'onore di tutta la nazione, non vogliate, sotto pretesto di trar fuori i feriti, scomporre le file. Abbia ognuno fermo proponimento, che bisogna vincere questi stipendiati dell'Inghilterra, sì ostinata nell'odio contro la nostra Francia.

Con questa vittoria avrà termine la nostra guerra; e quindi potremo tornare ai nostri alloggiamenti d'inverno, dove saremo raggiunti da nuovi eserciti che si formano in Francia: e allora la pace che io stipulerò, sarà degna del mio popolo, di voi, e di me stesso.

[Basandosi su questo ordine del giorno, i soldati della Grande Armée improvvisarono una canzone destinata a diventare celeberrima, su un'aria preesistente risalente alla rivoluzione:

On va leur percer le flanc
En plain plan, r'lan tan plan
Ah ! que nous allons rire !
R'lan tan plan tire lire.

Le p'tit tondu s'ra content
R'lan tan plan tire lire lan plan
ça lui f'ra bien plaisir
R'lan tan plan tire lire.

Le p'tit tondu s'ra content
R'lan tan plan tire lire.

Et car c'est de c'la que dépend
ran tan plan tire lire lan plan
le salut de l'empire
R'lan tan plan tire lire.

Le p'tit tondu, *il pelatino, era ovviamente Napoleone, così chiamato da quando nel corso della Campagna d'Egitto si era tagliato i capelli* à la Tite, *ossia corti in stile romano].*

---

8   Ne esistono diverse versioni, esempi di come la propaganda francese adattasse i documenti agli eventi.
9   Var.: marceranno sulle nostre batterie.
10   Var.: io attaccherò i loro fianchi
11   Var.: Là io li colpirò dirigendo personalmente i vostri battaglioni.

TRENTESIMO BOLLETTINO DELLA GRANDE ARMÉE.

Austerlitz 12 frimaio anno XIV. (2 dicembre 1805)

Il 6 frimaio, l'Imperatore ricevendo la comunicazione dei pieni poteri dati ai signori Stadion e Giulay, offre antecedentemente un armistizio per risparmio di sangue, se mai fosse stato luogo alle prati che d'un definitivo accomodamento.

Ma fu facile all'Imperatore accor gersi che v'erano altri disegni; e poichè il nemico non poteva fon dare le sue speranze che nel soccorso delle armi russe, conghietturò subito che il secondo e il terzo esercito erano giunti o erano sul punto di giungere a Olmutz[12]; onde i trattati non erano che un ludibrio di guerra per raffrenare la sua vigilanza.

Il giorno 7, alle 9 del mattino, un nugolo di cosacchi, sostenuto dalla cavalleria russa, fece piegare gli avanguar-di del principe Murat, circondò Wischau, e fece prigione cinquanta uomini del Sesto reggimento dei Dragoni [russi: 6º Dragoni di Kazan].

Durante il giorno. l'Imperatore delle Russie si trasferì a Wischau, e tutto l'esercito russo si allogò dietro quella città.
 Frattanto l'Imperatore, appena saputo dell'arrivo, aveva mandato il generale Savary suo aiutante di campo, per praticare con lui le ufficiose cortesie.

Tornava il generale mentre l'Imperatore prendeva in formazione dei fuochi del campo nemico accesi a Vischau per assicurarsi da ogni sorpresa, molto lodando la buona accoglienza fattagli, e i cortesi e benevoli sentimenti dell'imperator delle Russie e del granduca Costantino altresì, che particolarmente gli usò ogni garbatezza.

Tuttavolta apparve facilmente dal processo della conferenza durata tre giorni, in mezzo ad una trentina di damerini, i quali sotto differenti titoli circondano l'Imperatore delle Russie, che l'arroganza, l'imprudenza, e l'inconsideratezza regnavano nelle deliberazioni del ministero militare, come avevano regnato in quelle del ministero politico. Un esercito così condotto non poteva indugiare a commettere errori.

Aspettare di profittarne fu disegno dell'Imperatore.

Ricevuto subito l'esercito ordine di ritirarsi nottetempo, come se avesse provato una sconfitta, si pose in buona situazione tre leghe indietro, fece con molta ostentazione lavorare per afforzarla con artiglierie. Similmente i fece proporre un abboccamento all' Imperatore delle Russie: il quale inviò il principe Dolgoruki suo aiutante di campo.

A costui parve nella moderazione dell' esercito francese di vedere ritiramento e timidità.

Lo stabilimento delle granguardie, e le fortificazioni che si praticavano con tutto ardore, mostravano all'uffi-ciale russo un esercito mezzo sconfitto.

L'Imperatore, contro il suo costume, che non ricevè mai con tanta circospezione gli oratori al suo alloggiameu-to generale, si condusse egli stesso a suoi primi posti. Dopo le prime accoglienze, l'uffiziale mise in campo le quistioni politiche, risolvendole con una impertinenza che è difficile a imaginare, e mostrando altresì un'igno-ranza la più assoluta degl'interessi d'Europa, e delle condizioni del continente.

Era in una parola un giovane trombetta dell'Inghilterra, che parlava all'Imperatore come suol parlare agli uf-fiziali russi, da lui largamente indignati per la sua alterezza e cattivo procedere.

Poichè l'Imperatore contenne la sua collera, questo monello, che signoreggia l'anima dell'Imperatore Alessan-dro, tornò pieno di baldanza, dicendo che l'esercito francese era sull'orlo della sua rovina.

La tolleranza dell'Imperatore apparirà dall'avere egli in fine della conferenza proposto di cedere il Belgio, e mettere la corona di ferro sulla testa dei più implacabili nemici della Francia. Frattanto tutte queste mene sortirono il loro effetto: poichè la natural presunzione di queste giovani teste che dirigono gli affari della Russia, ruppe ogni confine; non essendo più quistione di guerreggiare l'esercito francese, ma di farlo tornare indietro e perderlo.

Detta arroganza aveva sue radici nella viltà degli Austriaci.

Viene assicurato, che molti vecchi generali austriaci, che avevano sostenuto guerre contro l'Imperatore, fecero intendere al consiglio che non bisognava con questa fidanza camminare contro un esercito, che contava tanti vecchi soldati e ufficiali di primo merito.

---

12   Principe Arcivescovo (ultimo) di Olmutz era il cardinale Antonio Teodoro di Colloredo Mels e Wallsee.

Dicevano aver veduto l'Imperatore ridotto con un pugno di gente in mezzo ai più gravi frangenti, ripigliar la vittoria con rapidi e inaspettati movimenti, e distruggere i più numerosi eserciti.

Frattanto non essersi ottenuto alcun vantaggio reale: e anzi tutta la mossa della retroguardia del primo esercito russo essere riuscito favorevole alle genti francesi.

Ma a tutto ciò la sopradetta arrogante gioventù opponeva la bravura di ottanta mila Russi, l'ardore ond'erano accesi per la presenza del loro Imperatore, il Corpo scelto della Guardia Imperiale di Russia, e il loro ingegno, di cui si maravigliavano che gli Austriaci non volessero riconoscere la potenza.

Il giorno primo l'Imperatore, dall'alto del suo alloggiamento, scorto non senza sua ineffabile allegrezza che l'esercito russo cominciava (a due tiri di cannone dagli avamposti) a fare un movimento di fianco per far piegare la sua ala diritta, vide a quali erronei consigli la pesunzione e l'ignoranza dell'arte di guerreggiare avevano tratto quel bravo esercito.

Più volte disse: *Dopodomani ne sarò padrone.*

Frattanto il nemico giudicava altrimenti; presentatosi alle nostre avanguardie a un tiro di pistola, defilava con una marcia di fianco sopra una linea di quattro leghe, coprendo l'esercito francese, che pareva non osasse togliersi dalla sua posizione.

D'una sol cosa temeva il russo; che l'esercito francese non gli sfuggisse, e tutto fu messo in opera perchè il nemico in questo pensiero si raffermasse; conciossia chè il principe Murat fece avanzare un piccolo Corpo di cavalleria nel piano, che mostrando di essere spaventato dalle immense forze nemi che, tutto a un tratto si ritirò. Così ogni cosa era diretta a confermare il general russo nel movimento, che aveva malamente ordinato.

La sera l'Imperatore volle visitare a piè e senza che fosse cono sciuto tutti gli alloggiamenti; ma dopo alcuni passi riconosciuto, non sarebbe possibile dire l'entusiasmo, onde furono presi i soldati al vederlo.

Con fanali di paglia, posti a un tratto in cima a migliaia di pertiche, ottantamila uomini si presentano al cospetto dell'Imperatore: portano il suo nome alle stelle; dicono di festeggiare l'anniversario del suo incoronamento. Uno de' più vecchi granatieri accostatosi a lui:

Sire, esclama, *non devi tu esporti. Prometto, in nome de' granatieri dell'esercito, che tu non dovrai combattere che cogli occhi, e noi domani ti porteremo le bandiere e l'artiglieria dell'esercito russo per celebrare l'anniversario della tua incoronazione.*

Tornato l'Imperatore nel suo alloggiamento, che consisteva in una cattiva capanna di paglia senza tetto, che gli avevano fatta i granatieri:

Ecco, disse, *la più bella sera della mia vita; se non che m'affligge grandemente il pensiero di dover perdere un buon numero di sì valorosi uomini, che sono i miei veri figliuoli. Qualche volta mi rimprovero di questo sentimento, il quale mi rende non atto a fare la guerra.*

Se il nemico avesse potuto vedere questo spettacolo, sarebbe rimasto atterrito, ma l'insensato continuando sempre le sue mosse, correva a gravi passi alla sua rovina.

Incontanente l'Imperatore dato tutti gli or dini per la battaglia, fece partire il Maresciallo Davout con sollecitudine affinchè si trasferisse al convento di Raygern, e con una delle sue divisioni, e una divisione di dragoni raffrenasse l'ala sinistra dei nemici, acciò nel momento assegnato si trovasse circondata.

Inoltre diede il comando della sinistra al Maresciallo Lannes, della diritta al Maresciallo Soult, del centro al Maresciallo Bernadotte, e di tutta la cavalleria riunita in un sol punto, al principe Murat.

La sinistra del Maresciallo Lannes era appoggiata al Santon, ottima situazione, dall'Imperatore fortificata e pro tetta da diciotto cannoni.

Vi aveva il giorno innanzi posto a guardia il Diciassettesimo reggimento d'infanteria leggiera, e certamente non poteva avere migliore guardiano.

La divisione del generale Suchet formava la manca del Maresciallo Lannes; mentre la sua diritta era formata dal general Caffarelli, appoggiandosi alla cavalleria del principe Murat; e avendo dinanzi gli usseri e i cacciatori sotto il comando del generale Kellermann, e le divisioni dei dragoni Valther e Beaumont; e in riserva le divisioni de'corazzieri dei generali Nansouty e d'Hautpoult, con ventiquattro pezzi d'artiglieria leggiera.

Il Maresciallo Bernadotte, che era nel centro, aveva alla sua sinistra la divisione del general Rivaud appoggiata alla destra del principe Murat, e la divisione del general Drouvet alla sua diritta.

Il Maresciallo Soult, che comandava la diritta dell'esercito, aveva alla sua sinistra la divisione del general Vandomme, al centro la divisione del generale Saint-Hilaire, alla sua diritta la divisione del general Legrand.

Il Maresciallo Davout avendo seco la divisione Friant, e i dragoni della divisione del general Bourcier, era sulla diritta staccato dal general Legrand, che guardava le imboccature delle lagune, e dei villaggi di Sokolnitz e di Celnitz; mentre la divisione del generale Gudin doveva per tempissimo marciare da Nikolsburg per rintuzzare il Corpo dei nemici, che avrebbe potuto spuntare la nostra diritta.

L'Imperatore intanto insieme con Berthier, suo fido compagno di guerra, col generale Junot, suo primo Aiutante di campo, e con tutto il suo stato maggiore, dimorava in riserva co'dieci battaglioni della sua Guardia, e i dieci battaglioni del generale Oudinot, di cui il general Duroc comandava una porzione.

Detta riserva ordinata sopra due linee, in colonne per battaglioni, alla distanza di schierarsi, e aventi negli spazi quaranta cannoni adoperati dagli artiglieri della Guardia, era disegno dell'Imperatore di valersene per precipitarsi ovunque il bisogno fosse stato più urgente. Si può dire che ella valesse un esercito.

A un'ora del mattino l'Imperatore, montato a cavallo, percorre le poste, riconosce i fuochi dei campi aperti del nemico, e domandato alle granguardie dei movimenti de Russi, sa che gozzovigliando e tumultuando avevano passato la notte, e un Corpo di fanteria russa s'era presentata alla terra di Sokolnitz, occupata da un reggimento della divisione del general Legrand, che ebbe ordine di rinforzarla.

Spuntò finalmente il giorno. Luminoso era il sole, quasi augurio che l'anniversario dell'incoronamento dell'Imperatore doveva essere accompagnato da uno dei più gloriosi fatti d'arme.

Conciossiachè quella battaglia, che i soldati e l'Imperatore nomò d'Austerlitz, sarà ne'fasti della gran nazione perpetuamente memorabile.

Aspettava l'Imperatore, circondato da tutti i ma rescialli, che l'orizzonte fosse ben chiaro per dare gli ultimi ordini: i quali ai primi raggi del sole furono dati, ed ogni Maresciallo raggiunse a briglia sciolta il rispettivo Corpo. L'Imperatore passando sul fronte di più reggimenti, e gridato

Soldati; bisogna terminare questa guerra colla rapidità del fulmine, che confonda la superbia dei nostri nemici

tutti co' cappelli sulla punta delle bajonette gridarono *Viva l'Imperatore*, che fu segnale del combattimento.

Subito le cannonate si fecero sentire alla estremità dell'ala diritta, cui l'avanguardo nemico aveva spuntata: se non che lo scontro imprevisto del Maresciallo Davout rattenne il nemico, e la battaglia fu ingaggiata.

In quel mentre il Maresciallo Soult spiccandosi a un tratto, si dirige colle divisioni dei generali Vandamme e Saint Hilaire, sulle alture della terra di Pringen, e taglia compiutamente la diritta ala del nemico, i cui movimenti divengono tutti incerti; cotal che sorpresa da una marcia di fianco nel tempo che fugge, e vedendo chè in cambio di attaccare, come credeva, viene attaccata, si dà per mezzo vinta.

Ecco il principe Murat moversi colla sua cavalleria; la sinistra ala, comandata dal Maresciallo Lannes, marcia per reggimenti a scaglioni, conforme all'esercizio.

Principia su tutta la linea un terribile cannoneggiare; conciossiachè dugento pezzi di artiglieria, e quasi dugentomila uomini facevano un conquasso spaventosissimo; era proprio una vera battaglia di giganti.

Né era scorsa un'ora che tutta la sinistra dei nemici era rotta, mentre la diritta era già arrivata in Austerlitz, alloggiamento generale dei due imperatori, che dovettero far subito marciare la Guardia dell'Imperatore di Russia per vedere di rappicare la comu nicazione del centro colla manca.

Essendo stato un battaglione del quarto reggimento di linea assaltato dalla detta Guardia, e oppresso, l'Imperatore che non era lungi, avvedutosene, comandò al Maresciallo Bessières di andare co' suoi formidabili in soccorso della diritta ala, e tosto i due generali furono alle prese. Il successo non poteva esser dubbio, e in men che non si dice la Guardia russa si disfece, perdendo colonnello, artiglieria, e bandiere.

Così il reggimento del granduca Costantino tagliato a pezzi, dovette egli stesso la vita alla veloce fuga del suo cavallo.

Dall'altezza d'Austerlitz i due imperatori mirarono la rotta di tutta la Guardia russa, nel tempo che il centro dell'esercito comandato dal Maresciallo Bernadotte si fece innanzi, e tre fra i suoi reggimenti sostennero un fierissimo assalto di cavalleria.

Similmente la sinistra, sotto il comando di Lannes, fronteggiò per tre volte [il nemico].

Tutti gli assalti furono vittoriosi; particolare onore si acquistò la divisione del general Caffarelli, e le divisioni dei corazzieri, che delle artiglierie nemiche s'impadronirono.

Un'ora dopo il mezzo giorno, la vittoria non restata mai dubbiosa, fu ottenuta; né era bisognato un sol uomo di riserva, e nessuna parte l'aveva dato.

Solo la nostra diritta continuò a rispondere al cannoneggiare: e poichè il grosso dell'esercito nemico che era stato circondato e cacciato da ogni parte, era confitto nella profondità d'un lago, l'Imperatore vi si trasferì con venti cannoni, e lo sbaragliò.

Or ribile spettacolo, uguale a quello veduto in Aboukir, dacchè ventimila uomini si gettano nell'acqua e annegano dentro i laghi.

Due colonne di quattro mila Russi ciascuna, abbassando l'armi si rendono prigionieri.

E' preso tutto il parco delle artiglierie nemiche.

Effetti di questa battaglia sono l'acquisto di quaranta bandiere russe, fra le quali sono gli stendardi della Guardia Imperiale: un gran numero di prigionieri, che già sommano a ventimila, quantunque lo stato maggiore non avesse la nota di tutti; dodici o quindici generali presi; per lo meno quindicimila russi morti e rimasti sul campo di guerra.

E quantunque non s'abbiano ancora i rapporti, pure a colpo d'occhi si può dalla parte nostra valutare la perdita a ottocento uomini ammazzati, e a mille e cinquecento circa feriti.

Il che non farà maraviglia agli uomini della milizia, i quali sanno che solamente nelle sconfitte si perde la gente, e altro Corpo non è stato rotto che il battaglione del quarto reggimento.

Fra i feriti è il general Saint-Hilaire, che colpito sul cominciar della pugna, è rimasto sul campo durante la battaglia, immortalandosi.

Fra i feriti pure sono i generali di divisione, Kellermann, e Walther; e i generali di brigata Valhubert, Thiébault, Sebastiani, Compan e Rapp, aiutante di campo dell'Imperatore.

Quest'ultimo dando addosso alla testa dei Granatieri [a cavallo] della Guardia, ha fatto prigione il principe Repnin, che comandava i cavalieri della Guardia Imperiale di Russia.

Quanto agli uomini che si sono segnalati, bisogna dire che tutto l'esercito ha toccato l'apice della gloria.

Gridando *Viva l'Imperatore* dava sempre l'assalto: chè il pensiero di celebrare gloriosamente l'anniversario del suo incoronamento accendeva ogni soldato.

Quantunque l'esercito francese fosse bene agguerrito, pure era men numeroso del nemico, forte di centocinquantamila uomini, dei quali ottantamila erano russi; il resto austriaci: del qual esercito la metà è distrutta, e ciò che rimane è in piena rotta; e la maggior parte hanno gettato via le armi.

Lagrime di sangue questa battaglia farà versare alla città di Pietroburgo.

Così possa farle rifiutare con indignazione l'oro inglese, e sperare che il giovine principe le cui molte virtù chiamavano ad essere padre de' suoi sudditi, possa sottrarsi alle suggestioni di quei trenta damerini, che l'Inghilterra paga con artifizio, e le cui imprudenze macchiano le sue intenzioni, gli tolgono l'affetto dei suoi soldati, e gli fanno commettere grandissimi errori.

Dandogli la natura sì rare qualità, l'aveva destinato ad essere consolatore di Europa; ma perfidi consigli, facendolo aiutatore dell'Inghilterra, saranno cagione perchè la storia lo annoveri fra quegli uomini, che perpetuando la guerra nel Continente, avranno raffermata la brittannica tirannia dei mari, flagello della nostra generazione.

Se la Francia non può venire alla pace con altri patti che con quelli proposti all'Imperatore dall'aiutante di campo Dalgoruki, l'espressione de'quali aveva il signor di Novozilzof la commessione di recare, non aspetti la Russia di averla mai, ancor quando il suo esercito fosse accampato sulle alture di Monmartre[13].

In una relazione più particolare di questa battaglia lo stato maggiore farà conoscere ciò che ogni corpo, ogni uffiziale, ed ogni generale ha fatto per onore del nome francese, e per testimonianza del loro affetto all'Imperatore.

All'alba del giorno 12 è venuto il principe Giovanni di Lichtenstein capitano generale dell'esercito austriaco, a

---

13   Sarebbe avvenuto nel febbraio 1814...

trovare l'Imperatore nel suo alloggiamento maggiore, che era una capanna.

Vi è rimasto a lunga udienza.

Frattanto noi seguitiamo la nostra vittoria.

Ritiratosi il nemico sulla strada che d'Austerlitz mena a Godding, porge il suo fianco, e già l'esercito francese gli è dietro, e lo incalza colla spada alle reni.

Battaglia più sanguinosa non fu mai; e dal mezzo dei grandi laghi s'odono ancora le grida di migliaia d'uomini che non è possibile soccorrere.

E bisogneranno tre giorni, prima che a Brünn sieno portati via tutti i feriti. Il cuore s'agghiaccia!

Possa tanto sangue sparso, e tante calamità ricadere finalmente sopra i perfidi isolani che ne sono la causa!

Possano i vili oligarchi di Londra pagar la pena di tanti mali!

ALL'IMPERATRICE, A STRASBURGO.

Austerlitz, 12 frimaio anno XIV (3 dicembre 1805.)

Ti ho spedito Lebrun dal campo di battaglia.

Ho battuto l'armata russa ed austriaca comandata dai due imperatori. Mi sono un poco affaticato, ed ho passate otto notti all'aria aperta, e nottate assai fredde.

Dormo questa sera al castello del principe Kaunitz, ove riposerò due o tre ore. L'armata russa non è solamente battuta, ma disfatta.

Ti abbraccio.

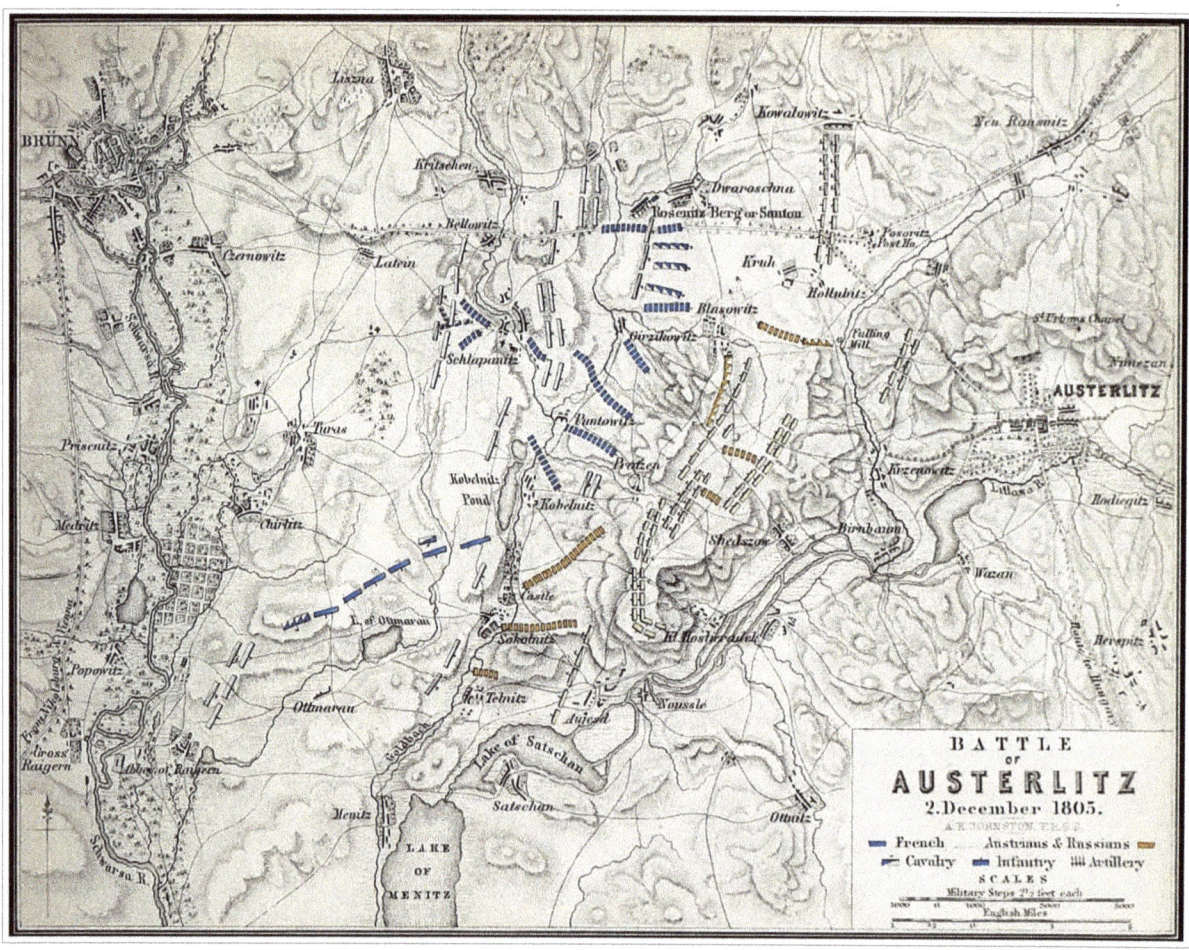

▲ Mappa della battaglia di Austerlitz

CONCLUSIONE DELLA PACE

ALL'IMPERATRICE, A MONACO.

Austerlitz, 14 frimaio anno XIV (5 dicembre 1805.)

Ho conclusa una tregua. I Russi se ne vanno.

La battaglia d'Austerlitz è la più bella di tutte quelle che ho date: 45 bandiere, più di 150 pezzi d'artiglieria, gli stendardi della Guardia Russa, 20 generali, 30.000 prigionieri, più di 20.000 uccisi, orribile spettacolo!

L'Imperatore Alessandro, è disperato, e va in Russia. Ho veduto ieri al mio accampamento l'Imperatore d'Austria, parlammo circa due ore insieme, ed abbiamo stabilito di fare subito la pace.

Il tempo non è ancora cattivissimo. Ecco reso finalmente il riposo al continente; è bene spe rare che debba esserlo in tutto il mondo: gl'Inglesi non saprebbero tenerci fronte. Vedrò con molto piacere il momento che a te mi avvicina.

Infierisce un mal d'occhi che dura due giorni, ma io non ne sono stato ancora assalito. Addio mia buona amica; io sto benissimo, e desidero ardentemente di abbracciarti.

Dopo la battaglia di Austerlitz venne raggiunta la pace con Francesco II, che l'Imperatore annunziò alle proprie truppe nel momento di lasciarle, e tornare a Parigi, il giorno dopo la firma del Trattato di Presburgo tra l'Impero francese ed il Sacro Romano Impero.

ALL'IMPERATRICE, A MONACO.

Austerlitz, 16 frimaio anno XIV (7 dicembre 1805.)

Ho concluso un armistizio, e dentro otto giorni la pace sarà fatta. Desidero sapere che tu sia giunta a Monaco in buona salute.

I Russi se ne vanno; essi hanno avute perdite immense. Più di 20.000 morti e 30.000 prigionieri, la loro armata è ridotta a tre quarti.

Buxhowden, loro generale in capo è stato ucciso. Io ho 3000 feriti, e da 7 a 800 morti.

Ho un poco di male agli occhi; è una malattia passeggiera, ed è piccola cosa. Addio, mia amica; desidero assai di rivederti.

Vado questa sera a dormire a Vienna.

ALL'IMPERATRICE, A MONACO.

Brünn, 19 frimaio anno XIV (10 dicembre 1805)

È lunghissimo tempo che non ho ricevute tue nuove. Le belle feste di Baden di Stoccarda e di Monaco, sono capaci di far dimenticare il povero soldato che vive coperto di fango, di pioggia e di sangue?

Parto a momenti per Vienna. Si lavora per concludere la pace.

I Russi sono partiti e fuggono lontano di qua; essi se ne ritornano in Russia ben battuti, e grandemente umiliati. Io desidero tanto di trovarmi vicino a te!

Addio mia amica. Il mio mal d'occhi è guarito.

ALL'IMPERATRICE, A MONACO.

28 frimaio anno XIV (19 decembre 1805.)

Grande imperatrice, neanche una lettera dopo la vostra partenza da Strasburgo.

Vi siete fermata a Baden, a Stoccarda, a Monaco, senza scrivermi una parola. Questa non è né amabilità né tenerezza; sono sempre a Brünn.

I Russi sono partiti; io ho una tregua. In pochi giorni vedrò quello che diventerò.

Degnatevi dall'alto della vostra grandezza, di occuparvi un poco de' vostri schiavi.

ALL'IMPERATRICE, A MONACO.

Schonbrunn, 29 frimaio anno XIV (20 dicembre 1805.)

Ricevo la tua lettera del 25. Sento con dolore che sei incomodata, e questa non è buona disposizione a fare cento leghe in tale stagione.

Io non so quello che farò, perchè dipendo dagli avvenimenti; io non ho alcuna volontà, e aspetto tutto dal loro successo. Rimani a Monaco, e divertiti, ché ciò non deve essere difficile, quando si hanno intorno tante persone amabili, ed in così bel paese;

Io sono occupatissimo; fra qualche giorno saprò il mio destino.

DISCORSO ALLA *GRANDE ARMÉE.*

Schoenbrunn, 6 nevoso anno XIV. (27 dicembre 1805)

La pace, o soldati, fra me e l'Imperatore d'Austria è stipulata. Avete nella scorsa stagione compito due guerre, facendo tutto quello che io dal valor vostro m'aspettava.

Parto per restituirmi alla mia capitale, dopo avere promossi e guiderdonati quanti ne sono stati meritevoli. Nè mancherò mai ad alcuna delle promesse che vi ho fatto.

E poichè avete veduto il vostro Imperatore dividere con voi perigli e fatiche, voglio che veniate a vederlo nella grandezza e nello splendore dovuto alla sovranità del primo popolo dell'universo.

Ai primi giorni di maggio vi sarà una gran festa, alla quale dovete ritrovarvi tutti; e poi ci trasferiremo dove la felicità della nostra patria, e gl'interessi della nostra gloria ci chiameranno.

In questi tre mesi, che vi bisogneranno per tornare in Francia, vogliate rendervi esempio di tutti gli eserciti. Chè non siete più invitati a dar testimonianze di coraggio e d'intrepidezza; sì bene a mostrarvi severamente disciplinati.

Fate che i miei collegati non abbiano a rammaricarsi del vostro passaggio; e toccando la sacrata terra mostratevi come figliuoli che rientrano in famiglia. Né il mio popolo mancherà di trattarvi quali eroi e difensori.

Il pensiero, o soldati, che prima di sei mesi vi vedrò intorno al mio palazzo, rallegra il mio cuore, e anticipata commozione di affetto io provo.

Celebreremo la memoria di coloro che in queste due guerre sono morti sui campi della gloria, e il mondo ci vedrà pronti ad imitarli, raddoppiando il nostro coraggio, dove fosse mestieri adoperarlo contro chi si attentasse oltraggiare l'onor nostro, o si lasciasse prendere alle corrompitrici arti degli eterni nemici del Continente.

Napoleone nello stesso tempo annunciò la dichiarazione di guerra al re di Napoli, Ferdinando IV di Borbone, e l'intenzione di porre sul trono suo fratello Giuseppe.

DISCORSO ALLA *GRANDE ARMÉE.*

Schoenbrunn, 6 nevoso anno XIV. (27 dicembre 1805.)

Mentre, o soldati, da dieci anni in qua ho tutto adoperato per salvare il re di Napoli, egli ha fatto di tutto per rovinarsi. E quantunque dopo le battaglie di Dego, di Mondovi e di Lodi non potesse oppormi che una debole resistenza, pure volli fidarmi alle sue parole, e con esso lui mostrarmi generoso[14].

Rotta la seconda lega a Marengo, egli primo a cominciare sì ingiusta guerra, abbandonato a Luneville dai suoi confederati, rimasto solo e senza difesa, implorato un mio secondo per dono, nol negai.

Pochi mesi fa, essendo voi alle porte di Napoli, avevo buone ragioni di sospettare i macchinati tradimenti, e vendicare le ingiurie ricevute; pure volli essere ancora generoso, e riconosciuta la neutralità di Napoli, ordinai che sgombaraste da quel reame salvando e raffermando per la terza volta quella dinastia.

Perdoneremo una quarta volta?

Ci fideremo una quarta volta d'una corte senza fede, senza onore, e senza ragione?

---

14   Napoleone non fa alcuna menzione della Repubblica partenopea e della fuga in Sicilia di Ferdinando IV (1798-1799).

Mai! Mai!.

La casa di Napoli ha finito di regnare, e il suo essere non è più accordabile colla quiete d'Europa, e con la dignità della mia corona.

Andate, o soldati; sommergete nelle onde quei deboli battaglioni dei tiranni dei mari, che dicono di aspettarvi; mostrate all'universo come da noi si gastigano gli spergiuri; affrettatevi a rendere tutta Italia soggetta alle mie leggi o a quelle de'miei collegati.

Non resti più sotto il giogo della più perfida tirannia il più bel paese della terra.

Sia vendicata la santità de' trattati, e placate le ombre dei miei prodi, sgozzati nei porti di Sicilia nel loro ritorno dall'Egitto, dopo aver scampato dai perigli de'naufragi, dei deserti, e di cento battaglie.

Mio fratello [Giuseppe] consapevole de'miei disegni, custode della mia autorità, possessore di tutta la mia confidenza, marcerà con voi, capitanandovi.

Napoleone tornato a Parigi, aprì con un solenne discorso l'adunanza del corpo legislativo.

DISCORSO DELL'IMPERATORE AL CORPO LEGISLATIVO.

Parigi, 2 nevoso 1806[15].

Signori deputati dei Dipartimenti al Corpo legislativo, signori tribuni e membri del mio Consiglio di Stato, dopo l'ultima vostra tornata, la più gran parte d'Europa si è collegata con l'Inghilterra.

Ma i miei eserciti non hanno cessato di vincere, che quando ho loro comandato di non più combattere. I diritti degli Stati deboli sono stati vendicati dalla oppressione de'forti; conciossiachè i miei collegati hanno di potenza e di splendore aumentato mentre i miei nemici son rimasti umiliati e confusi.

La Casa di Napoli ha perduto la corona per sempre, e tutta la penisola italiana è incorporata al Grande Impero, facendomi come supremo capo, mallevadore dei sovrani e delle costituzioni delle diverse parti.

Se la Russia ha potuto ricondurre in casa gli avanzi del suo esercito, deve saperne grado alla capitolazione da me fatta; e mentre potevo rovesciare il trono di Vienna, l'ho rassodato.

I comportamenti di quel governo mi giustificheranno di questo atto di previdenza presso alla posterità, avendo dato pjena fede alle protestazioni fattemi dal suo sovrano.

D'altra parte i maggiori fati della mia corona non dipendendo dagli affetti e dalle inclinazioni delle corti estere, non posso temere che il mio popolo non assicuri per sempre questo trono contro tutti gli sforzi dell'odio geloso, non perdonando a cure e privazioni per tutelare questo interesse della patria.

Allevato nei campi di guerra, e in mezzo ai trionfi, devo confessare che in questi ultimi fatti la mia aspettazione è stata vinta dalle prodezze dei miei soldati; nel tempo che mi è dolce cosa il dover dichiarare che il mio popolo ha bene adempito ai suoi obblighi; conciossiachè nel fondo della Moravia non ho cessato un momento di sentire gli effetti del suo amore e della sua divozione; né mai le testimonianze ch'esso me n'ha date, sono giunte più vivamente a toccare il mio cuore.

Non mi sono ingannato, o Francesi, nelle mie speranze.

L'amor vostro, meglio che la vastità e la ricchezza dell'Impero, forma la mia gloria.

Magistrati, sacerdoti, cittadini, tutti si sono mostrati degni delle sorti di questa bella Francia, che da due secoli è segno di gelosia, e motivo di colleganze ai suoi vicini.

Dal ministro dell'interno conoscerete i successi di quest'anno.

Dal mio Consiglio di Stato vi saranno fatte proposte di leggi a fin di migliorare le diverse parti della pubblica amministrazione.

Dai conti, che vi comunicheranno i ministri del tesoro pubblico, vedrete lo stato prosperoso delle nostre finanze; conciossiachè dopo il mio ritorno non ho mancato di procacciare che l'amministrazione ripigliasse quell'attività, mercè della quale i vantaggi fossimo dall'un capo all'altro dell'Impero sentiti.

Non sopporterà il mio popolo nuove imposizioni, ma a voi sarà fatta la proposta per un nuovo sviluppo del sistema finanziero sulle basi poste l'anno scorso.

15   Dal 1 gennaio 1806 Napoleone ripristinò il calendario gregoriano al posto di quello rivoluzionario.

Mia intenzione è di scemare le imposizioni che unicamente gravano i terreni, e averne in parte il compenso nelle riscossioni indirette.

Qualche naviglio ci è stato tolto dalle burrasche, dopo un combattimento appiccato per imprudenza[16].

Né saprei abbastanza lodare la generosa anima ed amicizia dimostrata dal re di Spagna per la causa comune, in tali frangenti.

Per parte mia non frapporrò indugio a far coll'Inghilterra la pace da me sempre desiderata, prendendo per base le stipulazioni del trattato d'Amiens.

Del vostro appoggio, o deputati del Corpo Legislativo, io punto non dubito, dopo le testimonianze che me ne avete porto nelle ultime adunanze, secondando i miei disegni.

Nè a voi sarà mai nulla proposto che non sia necessario per tutelare la gloria e la sicurezza dei miei popoli.

L'ASSETTO DELLA NUOVA EUROPA NAPOLEONICA

GIUSEPPE NAPOLEONE RE DI NAPOLI E DI SICILIA.

Palazzo delle Tuileries, 30 marzo 1806.

Atto imperiale

Gl'interessi del nostro popolo, l'onore della Nostra corona, e la quiete del continente d'Europa richieggono, che le sorti dei popoli di Napoli e di Sicilia, venute in poter Nostro per ragion di conquista, e facenti parte d'un grande Impero, sieno stabilmente e difinitivamente assicurate; onde dichiariamo di riconoscere per re di Napoli e di Sicilia il Nostro amatissimo fratello Giuseppe Napoleone, Grande Elettore di Francia.

Detta corona sarà ereditata per ordine di primogenitura nella linea maschile, legittima e naturale, riservandoci, qualora il Nostro fratello Giuseppe Napoleone venisse a morte mentre Noi viviamo, senza lasciar maschi legittimi e naturali, il diritto di destinare alla detta corona per successore un principe della Nostra famiglia, oppure di chiamarvi un figliuolo adottivo, secondo che Noi giudicheremo conveniente all'interesse dei Nostri popoli, e al vantaggio del gran regno di cui la divina provvidenza ci ha destinati ad essere fondatori.

Laonde nel reame di Napoli e di Sicilia istituiamo sei grandi feudi dell'impero, col titolo di ducati, e co'medesimi vantaggi e prerogative di quelli che sono stati istituiti nelle provincie venete riunite alla Nostra corona, per essere poi tutti appartenenti all'Impero, e in facoltà Nostra e de' Nostri successori il conferirli.

Intanto ogni particolarità intorno alla formazione di essi è rimessa alle cure del detto Nostro fratello Giuseppe Napoleone.

Ci riserviamo per altro sul reame di Napoli e di Sicilia di poter disporre d'un milione di franchi d'entrata da spartire fra i generali, officiali e soldati del Nostro esercito, in premio dei maggiori servigi da loro renduti alla

---

16   Il riferimento, alquanto riduttivo, è alla battaglia di Capo Trafalgar del 21 ottobre 1805, nel cosrso della quale Horatio Nelson, che vi perse la vita, distrusse la flotta franco- spagnola.

patria e al trono, sotto condizione che essi avanti lo spirare di dieci anni non abbiano facoltà di vendere le sopradette rendite senza Nostro permesso.

Il re di Napoli sarà per sempre Gran Dignitario dell'Impero, col titolo di Grande Elettore, riservandoci ogni volta che ci parrà convenevole, di poter creare la dignità di principe vice-Grande-Elettore.

Finalmente intendiamo, che la corona di Napoli e di Sicilia, di cui cingiamo il capo del Nostro fratello Giuseppe Napoleone, e dei suoi discendenti, non abbia a portare in nessuna guisa la più piccola offesa ai loro diritti di successione al trono di Francia.

Ma in pari tempo è nostra volontà, che le corone di Francia, d'Italia, e di Napoli e Sicilia, non si trovino giammai riunite sul medesimo capo.

LUIGI NAPOLEONE RE D'OLANDA.

L'importanza dell'indirizzo di Napoleone al Corpo Legislativo olandese va al di là della nomina del fratello Luigi a re d'Olanda- nazione rimasta sempre repubblicana sin dall'indipendenza dalla Spagna- ed è veramente l'atto finale che segna la fine definitiva della rivoluzione: per Napoleone la monarchia ereditaria è da considerarsi superiore alla repubblica, popolare od oligarchica che sia. Nello stesso tempo ricorda al fratello la propria subordinazione all'Impero: non cessate giammai di essere francese. Proprio il tentativo di regnare con la maggiore indipendenza possibile porterà Napoleone a detronizzare Luigi nel 1810 e ad annettere l'Olanda all'Impero.

RISPOSTA DELL'IMPERATORE
AD UNA DEPUTAZIONE DEL CORPO LEGISLATIVO OLANDESE.

Parigi, 5 giugno 1806.

Rappresentanti del popolo batavo.

Il proteggere la vostra patria ho sempre riguardato come il primo interesse della mia corona, e tutte le volte che ho dovuto intramettermi nei vostri negozi interni, mi è stato forza toccar con mano gl'inconvenienti inerenti alla forma incerta del vostro governo.

Con una assemblea popolare, sareste stati dominati e turbati dalle brighe delle potenze vicine; con una magistratura elettiva, sareste stati nei rinnovamenti di detta magistratura, occasione di sconvolgimento europeo e di guerre marittime.

Ora a questi mali non può essere riparo che un reggimento ereditario.

Il quale mercè dei miei consigli avete ottenuto, dacchè per lo stabilimento della vostra ultima costituzione, e l'offerta che della corona di Olanda avete fatta al principe Luigi, avete adoperato conforme ai veri Europa.

E' stata la Francia abbastanza generosa per rinunziare a tutti i diritti, che aveva acquistati per i successi della guerra; ma non poteva io affidare le fortezze che difendono la mia frontiera al nord, ad una guardia infedele, o almeno dubbia.

Aderendo adunque al voto di LL. AA. PP., io proclamo, o rappresentanti del popolo batavo, re di Olanda il principe Luigi ; e voi, o principe, regnate sopra que sti popoli, i cui antenati non altrimenti acquistarono l'indipendenza che col costante soccorso della Francia; e quando l'Olanda collegatasi coll'Inghilterra, fu conquistata, dovette pure dalla Francia riconoscere il suo essere.

Sia vostro merito, ch'ella abbia dei re, che le sue libertà, le sue leggi, e la sua religione proteggano, ma non cessate giammai di essere francese.

La dignità di Connestabile dell'Impero si perpetuerà in voi, e nei vostri discendenti, e da quella imparerete gli obblighi che avete verso di me, e l'importanza che io metto per la difensione delle fortezze che guardano il settentrione dei nostri Stati, a voi affidati.

Cercate, o principe, di mantenere nelle milizie quel sentimento, che io ho in esse provato sui campi di battaglia.

Procacciate, che l'unione e l'amore per la Francia sieno nei vostri nuovi soggetti.

Siate il terrore dei malvagi, e il padre dei buoni; qualità dei grandi re.

L'imperatore al bivacco

Jean Lannes, Duca di Montebello

Capitano, *Chasseurs à cheval* della Guardia imperiale, 1805.

Chasseur à cheval de la Garde, alta tenuta, 1805

Trompette degli *Chasseur à cheval de la Garde*, alta tenuta, 1805.

L'Aquila del *Regimént d'Artillerie à cheval de la Garde Impériale*

Ufficiale del *12me Cuirassiers* in tenuta da campagna

Trombettiere, ufficiale e dragoni del *4me Regiment*

Ufficiale di Stato Maggiore del *3me Hussards*, 1805

Ufficiale di una compagnia d'èlite del *2me Hussards*, tenuta da campagna.

L'ingresso trionfale di Napoleone a Berlino (Job)

2. LA CAMPAGNA DI SASSONIA DEL 1806: JENA E AUERSTÄDT

Vitesse, vitesse! Toujour de l'audace!
(Napoleone I)

LETTERA DI NAPOLEONE AL RE MASSIMILIANO I DI BAVIERA[17].

Dal palazzo di Saint-Cloud, 21 settembre 1806.

A Sua Maestà il re di Baviera.

Mio signor fratello.

Egli è più d'un mese passato, che la Prussia s'apparecchia alla guerra, né alcuno ignora ch'ella questi apparecchi fa contro la Francia e contro la confederazione renana.

Cerchiamo i motivi di questo armamento, e non ci riesce trovarli. Amichevoli lettere abbiamo ricevute da Sua Maestà Prussiana, nel tempo che il ministro degli affari esteri ha notificato al nostro inviato straordinario, e ministro plenipotenziario, ch'ella riconoscerà la Confederazione renana, e nulla aveva da opporre a ciò che è stato pattuito nel mezzogiorno dell'Allemagna. L'armamento prussiano è forse l'effetto d'una lega con la Russia, o solo effetto di brighe delle varie fazioni di Berlino, e della inconsideratezza del ministero?

Ha esso per fine di forzare l'Assia, la Sassonia, le città Anseatiche a contrarre dei vincoli, dai quali parevano aliene queste due ultime potenze?

Vorrà la Prussia obbligarci a rinunziare alla nostra dichiarazione, non potere le città Anseatiche far parte di alcuna speciale confederazione?

La qual nostra dichiarazione era fondata sull'interesse commerciale di Francia e del mezzogiorno d'Alemagna: e inoltre sopra quanto l'Inghilterra ci ha fatto conoscere, cioè che ogni cangiamento rispetto alle condizioni delle sopraddette città, sarebbe un ostacolo di più alla pace generale.

Similmente è stato da noi dichiarato, che i principi della confederazione germanica, i quali erano compresi nella confederazione renana, dovevano aver facoltà liberissima di risolvere conforme ai loro interessi e alla loro convenienza.

Nè sarà fatta alcuna pratica perchè entrino nella Confederazione renana: ma nemmeno sarà sofferto che sieno forzati di prendere un partito che fosse contrario alla loro volontà, alla loro politica, agl'interessi di quei popoli. Or questa giusta dichiarazione avrebbe recato offesa al governo di Berlino, e vorrebbe obbligarci a ritrarla?

Fra tutte queste cagioni quale sarà la vera?

Non sapremmo indovinarla, e il tempo ci rivelerà il segreto d'una condotta quanto strana altrettanto inaspettata. Siamo stati un mese senza farvi attenzione: e la nostra fermezza non ha fatto che rendere più ardite le arti dirette a precipitare la corte di Berlino in una guerra inconsiderata.

Tuttavolta gli armamenti prussiani hanno renduto applicabile uno degli articoli del trattato del 12 luglio, e crediamo necessario che ogni sovrano facente parte della confederazione renana si armi per difesa de' suoi interessi, per guarentigia dei suoi territori, e per mantenimento della inviolabilità.

In luogo di dugentomila uomini, che la Francia è obbligata di dare, ne darà trecentomila, e già è stato ordinato che le milizie necessarie per compire questo numero sieno in diligenza trasportate sul basso Reno; e poichè le genti di V. M. sono rimaste sempre in piè di guerra, la invitiamo a dar ordine perchè senza indugio sieno messe in cammino coi loro corredi da campagna, e concorrano alla difesa della causa comune, il cui successo, come abbiamo ragione di credere, corrisponderà alla sua giustizia, se pure la Prussia, contro i nostri desideri e le nostre speranze, non costringa a respingere la forza colla forza: dopo di che preghiamo Iddio, che vi custodisca e guardi.

---

17   Massimiliano I di Wittelsbach, già principe elettore e duca di Baviera col nome di Massimiliano IV Giovanni, era stato creato re di Baviera da Napoleone il 1 gennaio 1806.

ALL'IMPERATRICE, A MAGONZA.

5 ottobre 1806.

Non vi è nessuno inconveniente che la principessa di Baden vada a Magonza. Io non so perchè tu pianga, ma certo è che hai torto a cagionarti del male.

Ortensia fa un poco troppo da pedantessa; le piace di dar consigli. Essa mi ha scritto, ed io le rispondo. Bisogna ch'ella sia contenta ed allegra.

Coraggio e allegria; ecco la ricetta.

Addio, amica mia; il granduca mi ha parlato di te; egli ti vide a Firenze quando si ritirò.

PROCLAMA DELL'IMPERATORE ALLA *GRANDE ARMÉE*.

Bamberga 6 ottobre 1806 .

Era partito, o soldati, l'ordine che vi richiamava in Francia, e voi già v'erevate avvicinati dove trionfati feste, e apparecchi di gloria cominciati nella capitale v'aspettavano.

Ma nel tempo che noi ci abbandonavamo e affidavamo a questa soverchia sicurtà, nuove trame si ordivano sotto colore di amistà e di colleganza.

Gridi di guerra sono divenuti sempre più incalzanti.

La stessa setta turbolenta, che favorita dalle nostre intestine discordie spinse i Prussiani, or sono quattordici anni, in mezzo alle pianure di Champagne, domina ne'suoi consigli.

Nè oggi hanno essi pretenzione di bruciare e spiantar dalle fondamenta la città di Parigi, ma si promettono di piantare i loro stendardi nelle capitali dei nostri confederati, forzando la Sassonia a rinunziare con vergognoso accordo alla sua indipendenza, per farne una delle loro provincie.

Infine vogliono strapparvi dalla fronte i vostri allori; vogliono che alla presenza del loro esercito noi sgombriamo l'Alemagna. Insensati !

I quali non sanno che sarebbe loro mille volte più facile distruggere la grande Capitale, che di macchiare l'onore dei figliuoli del gran popolo e de' suoi collegati.

E quantunque i loro disegni furono la prima volta sventati, e nei piani della Champagne ebbero sconfitta, morte, e vergogna, pure non hanno imparato ancora; perciocchè vi hanno uomini, ne cui petti il sentimento dell'odio e della gelosia non si estingue giammai.

Nessuno di voi, o soldati, brami ritornare in Francia per altra via, che quella dell'onore. Noi non dobbiamo rientrarvi che sotto archi di trionfo.

E che? Avremmo forse sfidato le stagioni, i mari, i deserti; vinta l'Europa parecchie volte contro di noi collegata; portato nostre glorie dall'oriente all'occidente per ricondurci oggi in patria come disertori, abbandonando i nostri confederati, mostrando che l'Aquila francese è fuggita spaventata dalle armi prussiane?

Ma già i nemici sono giunti presso le nostre avanguardie.

Marciamo adunque, poichè colla moderazione non ci è riescito tog   ̀ loro di capo questa ubriachezza. Provino la stessa sorte di quattordici anni fa, e apprendano che facilmente si può aumentare dominio e potenza coll'amicizia della Grande Nazione, ma la sua inimicizia (per provocar la quale bisogna rinunziare ad ogni rispetto di saviezza e di ragione) è più formidabile che le tempeste del mare.

ALL'IMPERATRICE, A MAGONZA.

Bamberga 7 ottobre 1806.

Parto questa sera, amica mia, per Cronach.

Tutta la mia armata è in moto. Tutto va bene, e la mia salute è perfetta.

Non ho ricevuta che una lettera da te.

Ne ho ricevute da Eugenio e da Ortensia.

Stefania deve essere con te. Suo marito vuol far la guerra; egli è con me.

Addio, mille baci, e buona salute.

A FEDERICO GUGLIELMO III, RE DI PRUSSIA.

Gera, 12 ottobre 1806.

Mio Signor Fratello.

Non prima del dì 7 ottobre ho ricevuto la lettera di V. M. scrittami il 25 settembre; e son dolente che alla medesima sia stato fatto sottoscrivere quel foglio.

Non rispondo che per protestarLe che non riferisco ad essa le cose che vi si contengono, parendomi contrarie alla sua natura, e all'onore di tutti e due.

Ben mi dolgo e sdegno dei compilatori di quello scritto, dopo il quale ho im mediatamente ricevuto la lettera del suo ministro in data del 1° ottobre; in cui io ero sfidato per il dì 8; e come buon cavaliere, ho mantenuto la parola; quindi sono nel mezzo della Sassonia.

Mi creda pure, le mie forze sono tali, che tutte quelle di V. M. non potrebbono tenere lungamente sospesa la vittoria. Ma perchè spargere tanto sangue? A qual fine?

Io dico alla Maestà Vostra ciò che dissi all'Imperatore Alessandro due giorni avanti la battaglia d'Austerlitz.

Voglia il Cielo, che uomini venduti o fanatici, più nemici Suoi e del Suo regno, che miei e della mia nazione, non le porgano i medesimi consigli per tirarla ai medesimi risultamenti.

Sire! da sei anni sono amico della Maestà Vostra, né voglio io profittare di quella forsennataggine di consigli, che Le hanno fatto commettere tali errori di politica, che ancora l'Europa n'è stupefatta, e tali errori militari, di cui non indugerà molto il grido a risuonare in tutta Europa.

Se la prefata Maestà Sua m'avesse domandato cose possibili, io gliene avrei concesso; ma poichè mi domanda il mio disonore, può ben antivedere la mia risposta.

Adunque la guerra è cominciata fra noi; ogni lega è rotta.

Ma il sangue dei nostri sudditi?....

A me non è punto a grado una vittoria, che costi la vita d'un buon numero de'miei figli. Se fossi novizio nel campo militare, e dovessi temere la fortuna delle battaglie, questo mio parlare sarebbe affatto inopportuno. Sire!

Vostra Maestà sarà vinta, nel tempo che senza pretesto alcuno avrà messa in periglio la quiete de' Suoi giorni e la vita de' Suoi popoli.

Per ora è illesa, e può ora trattar con me conforme al Suo rango; fra un mese Si troverà in condizione di trattar altrimenti.

Lasciatasi accendere da ire misurate e apparecchiate con artifizio, m'ha fatto intendere avermi spesso renduto de'servigi.

Ebbene! voglio dargliene la maggior prova che io non li ho dimenticati, facendoLa padrona di risparmiare ai suoi soggetti i disastri e le carneficine della guerra; la quale appena incominciata è in facoltà sua terminare; di che tutta Europa gliene saprà grado.

Se Vostra Maestà dà retta ai pazzi, che or son quattordici anni volevano prendere Parigi, e che oggi L'hanno tratta a imprendere una guerra, dopo disegni inconcepibili di attacco offensivo, farà al suo popolo un male che gli resterà per tutta la Sua vita.

Nulla, o Sire, io ho contro Voi da guadagnare; nulla voglio, e nulla ho voluto; quindi contraria ad ogni politica è la presente guerra.

Ben sento, che questa mia lettera susciterà sdegni naturali a qualunque sovradetta.

D'altra parte, mi permetta V. M. che io Le dica, non essere per l'Europa una grande scoperta il sapere che la Francia è tre volte più popolata, e più valorosa, e meglio agguerrita, che gli stati di V. M. non sono.

Quanto a me non Le ho dato alcun motivo di guerra.

Faccia che codesto sciame di malevoli e di sventati si tacciano riverenti innanzi alla maestà del Suo trono.

Restituisca la quiete a Sè stessa e ai Suoi dominj.

Se non avrà più in me un confederato, troverà un uomo desideroso di non fare che guerre indispensabili alla politica dei miei popoli, e di non spargere il sangue per accapigliarmi con principi che non sono meco in contrasto, né per industrie né per commercio né per politica.

Io prego V. M. di non vedere in questa lettera che il desiderio di risparmiare il sangue degli uomini, e d'impedire che una nazione, la quale geograficamente non sarebbe mia nemica, non abbia a pentirsi di aver troppo ascoltato i vani sentimenti che fra popoli s'agitano colla stessa facilità con cui si quietano.

Dopo di che prego Dio, che L'abbia nella Sua santa custodia.

Di Vostra Maestà.

ALL'IMPERATRICE, A MAGONZA.

Gera, 13 a due ore del mattino, 1806.

Sono oggi a Gera, mia buona amica; i miei affari vanno benissimo, e tutto va come io lo potevo sperare.

Coll'aiuto di Dio io credo che le cose in pochi giorni avranno preso un carattere assai terribile per il povero re di Prussia, che io personalmente compiango, poichè egli è buono.

La regina è a Erfurt col re.

Se ella vuole vedere una battaglia, avrà questo crudele piacere.

Io sto a meraviglia, e sono già ingrassato da dopo che sono partito; intanto io fo' venti o venticinque leghe al giorno, ora a cavallo, ora in carrozza, insomma in ogni maniera.

Vado a dormire alle otto, e a mezzanotte sono alzato; penso qualche volta che tu a quell'ora non sei ancora in letto. Tutto tuo. .

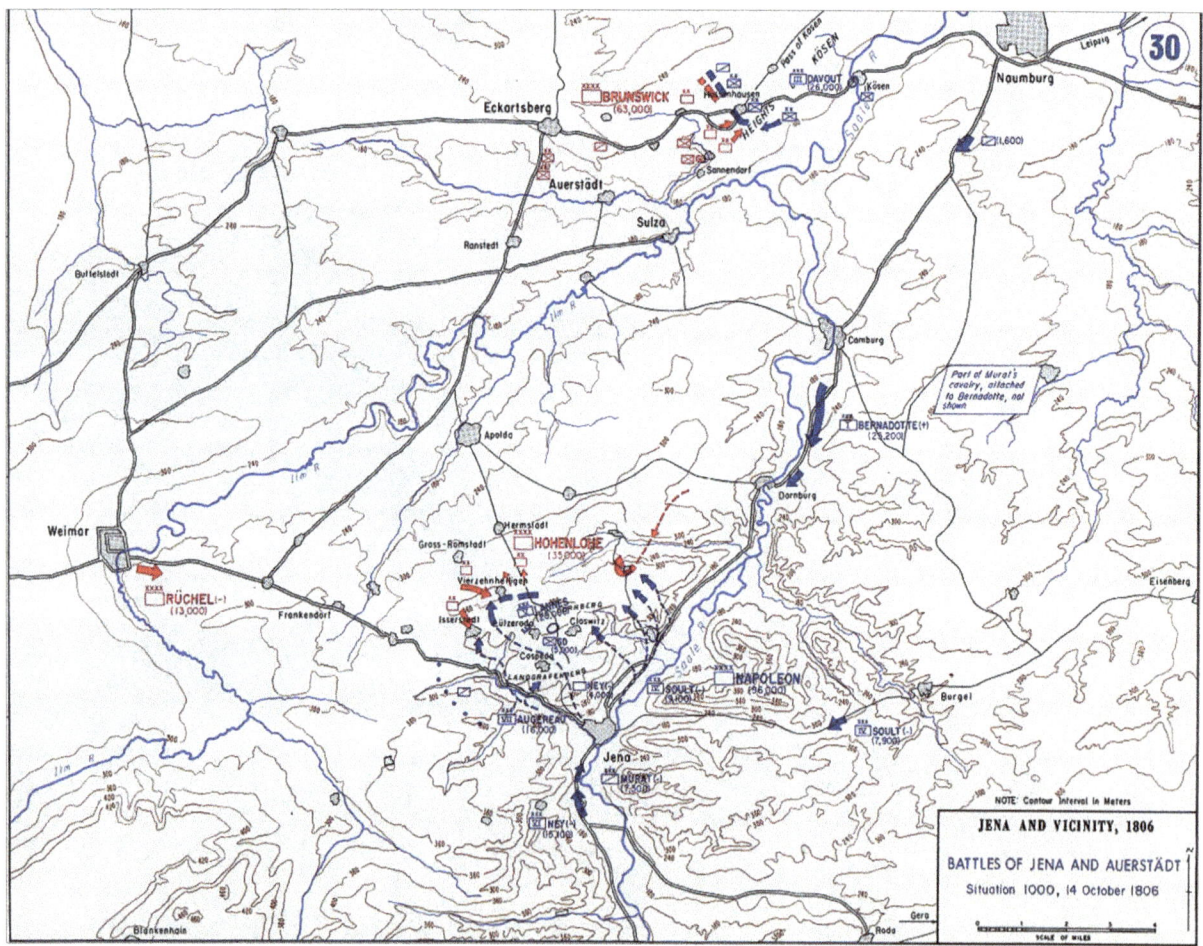

▲ Mappa della battaglia di Jena e Auerstadt 1806

BATTAGLIA DI JENA, 14 OTTOBRE 1806

ALL'IMPERATRICE, A MAGONZA.

Jena, 15 ottobre, a 3 ore del mattino, 1806.

Mia amica, ho fatto belle manovre contro i Prussiani.

Ieri ho riportato una gran vittoria. Essi erano 150.000 uomini; ho fatti 20.000 prigionieri, presi 100 pezzi d'artiglieria, e delle bandiere.

Io ero presente, e vicino al re di Prussia; potevo prenderlo insieme alla regina.

Sono accampato da due giorni. Io sto a meraviglia.

Addio, mia amica, sta bene, ed amami.

Se Ortensia è a Magonza, dalle un bacio, come pure a Napoleone, ed al bambino.

QUINTO BOLLETTINO DELLA *GRANDE ARMÉE.*

Jena, 15 ottobre 1806.

La battaglia di Jena, vendicando l'onta di Rossbach[18], ha in quindici giorni risolta una guerra, per la quale è uscito dalle teste prussiane quel furore di armi che le aveva invase. Ecco come l'esercito si trovava il giorno 13. Il granduca di Berg [Murat] e il Maresciallo Davout coi grandi Corpi d'Armata erano a Namburg. Il Corpo del Maresciallo principe di Pontecorvo [Bernadotte] era in cammino per trasferirsi a Dornburg.

Il Corpo del Maresciallo Lannes giungeva a Jena. Il Corpo del Maresciallo Augereau erasi posto a Kala. Il Corpo del Maresciallo Ney era a Roda. Il quartier-generale a Gera. L'Imperatore marciava sopra Jena. Il Corpo del Maresciallo Soult da Gera marciava per porsi in luogo più prossimo allo incrociamento delle strade di Namburg e di Jena.

Diciamo ora del come si trovava l'esercito nemico.

Il re di Prussia volle cominciare le ostilità il 9 di ottobre sboccando sopra Francforte coll'ala dritta, sopra Wurtzburg col centro, e sopra Bamberg con la sinistra, mentre tutte le divisioni del suo esercito erano apparecchiate per questo suo divisamento.

Ma l'esercito francese ripiegandosi sull'estrema sua sinistra, si trovò in pochi giorni a Salburg, a Lobestein, a Schleitz, a Gera, e a Namburg.

Allora l'esercito prussiano, vedendosi circondato, inpiegò i giorni 9, 10, 11 e 12 a richiamare tutti i suoi corpi, e il di 13, forte di cento cinquantamila combattenti, si mise in ordine di battaglia fra Capelsdorf, e Auerstädt.

Lo stesso giorno, due ore dopo mezzogiorno, l'Imperatore giunse a Jena, e da una piccola altura occupata dalla nostra avanguardia, s'accorse che il nemico faceva mosse per attaccare il giorno seguente, e sforzare le diverse imboccature della Saale.

Egli difendeva colle forze, e mercè d'un sito inespugnabile, gli arginamenti da Jena a Weimar, e pareva pensasse che i Francesi non potrebbero sboccare nel piano senza avere sforzato quel passo. E per verità non appariva possibile il far salire l'artiglieria sul ripiano, sì piccolo che quattro battaglioni potevano appena allargarvisi.

Tutta la notte fu fatto lavorare per aprirsi un cammino nella rupe, e riescì di condurre l'artiglieria sull'altura. Dopo di che il Maresciallo Davout ebbe ordine di sboccare per Namburg a fin di difendere le strette di Koesen se il nemico voleva marciare sopra Namburg, o per trasferirsi a Apolda per attaccarlo alle spalle, qualora fosse rimasto nel luogo in cui si trovava; nel tempo che il Corpo del Maresciallo principe di Pontecorvo fu destinato a sboccare da Dornburg per piombare addosso al nemico, sia ch'egli andasse sopra Namburg, sia che andasse sopra Jena. Non ancora la cavalleria pesante aveva raggiunto l'esercito, né poteva raggiungerlo che a mezzogiorno.

---

18   A Rossbach il 5 novembre 1757 in una delle battaglie decisive della Guerra dei Sette Anni Federico II di Prussia sconfisse le truppe franco- imperiali comandate dal principe di Subise e da Giuseppe Federico di Sassonia- Hildburghausen.

La cavalleria della Guardia Imperiale era a trentasei ore di distanza per quanto avesse fatto accelerati cammini dopo la sua partenza da Parigi.

Ma vi sono in guerra de' momenti, che nessuna considerazione può stare a petto al vantaggio di essere pri miero ad attaccare il nemico.

Quindi l'Imperatore fatto mettere in or dine sul ripiano occupato dall'avanguardia, e non curato dal nemico, che l'aveva di faccia, tutto il Corpo del Maresciallo Lannes per cura del general Victor, sì che ogni divisione formava un'ala; e in oltre comandato che nella sommità il Maresciallo Lefebvre disponesse la Guardia Imperiale in stretto battaglione, passò la notte al sereno in mezzo de' suoi prodi; ed era spettacolo d'ammirazione quello dei due eserciti, di cui l'uno distendeva il suo fronte per sei leghe, e riempiva dei suoi fuochi fa ceva vivo. Ma in tutti e due era operosità e fierezza.

A mezzo tiro di cannone erano i rispettivi fuochi; le sentinelle si toccavano, né movimento si faceva da una parte che non fosse ascoltato dall'altra.

I corpi dei marescialli Ney e Soult furono in cammino tutta la notte. Allo spun tare del giorno, tutto l'esercito fu in arme.

La divisione Gazan, distribuita sopra tre linee, occupava la parte manca del ripiano; dalla divisione Suchet era formata la diritta; teneva la Guardia Imperiale il vertice del monticello, avendo ciascuno di questi corpi i loro cannoni nei vari spazi.

In pari tempo si erano fatte delle aperture che alle milizie, le quali non avevano potuto collocarsi sul rialto, rendessero più facile il dispiegarsi, essendo la prima volta che un esercito dovesse pas sare per un luogo così angusto.

Un turbine a un tratto oscurò il cielo. L'Imperatore passando dinanzi alle schiere, raccomandò a' soldati che stessero bene attenti contro la cavalleria prussiana, che si rappresentava loro cotanto formidabile, rammentando che l'anno passato, nella medesima stagione, avevano preso Ulm: che l'esercito prussiano, come l'esercito austriaco, trovan dosi oggi messo in mezzo, ha perduto la sua linea di operazioni e i suoi magazzini; oltredichè esso non combatte ora per la gloria, ma per ritirarsi; e cercando aprirsi uno sbocco in differenti punti, perderebbero onore e riputazione quei corpi che lo lasciassero passare.

Al qual discorso infiammato, i soldati risposero gridando *marciamo*.

I *tirailleurs* cominciarono la fazione con vivissimo trarre di archibusi, e fu cagione perchè il nemico quantunque in forte luogo si trovasse, pure ne fu cacciato, e l'esercito francese traripando nel piano, cominciò a porsi in ordine di battaglia.

Dalla parte dei nemici, il grosso dell'esercito che aveva divisato di non ingaggiar la battaglia che dopo dileguato il temporale, prese le armi; e un corpo di cinquantamila uomini della sinistra si appostò con animo di scoprire le strette di Namburg, e impadronirsi delle imboccature di Koesen; se non che era stato già prevenuto dal Maresciallo Davout.

I due altri corpi, formando una forza di ottantamila uomini, si condussero avanti l'esercito francese, che irrompeva dal rialto di Jena. Il turbine celeste involse i due eserciti per due ore, e poscia dissipato, si mostrò un bel sole d'autunno.

L'ala sinistra dell'esercito francese, appoggiata a un villaggio, era comandata dal Maresciallo Augereau.

La Guardia Imperiale la divideva dal centro occupato dal Maresciallo Lannes. Formavano la diritta i corpi del Maresciallo Soult.

Il Maresciallo Ney non aveva che un Corpo di tremila uomini, soli arrivati dal suo Corpo d'armata.

Numeroso era l'esercito nemico, e con bella cavalleria.

I suoi movimenti erano fatti con esattezza e velocità. L'Imperatore avrebbe desiderato indugiare per due ore il venire alle mani affin di aspettare le milizie, e particolarmente la cavalleria che nella posizione ch'egli aveva preso, dovevano raggiungerlo. Ma l'ardor francese non si ritenne.

Appiccatasi nella terra di Hollstedt la mischia fra diversi battaglioni, ed accortosi che il nemico faceva forza per dispostarli, ordinò immedia tamente al Maresciallo Lannes di marciare a scaglioni per conservare quella terra.

Avendo il nemico fatto un movimento colla sua ala diritta contro la nostra sinistra, e il Maresciallo Augereau essendosi opposto, in men d'un'ora la zuffa s'accese per tutto. Spettacolo raro nella storia, vedere circa trecentomila uomini con circa ottocento cannoni recare per ovunque la morte.

Da una parte all'altra fu sempre manovrato come se fosse stata una parata.

Nè il più piccolo disordine fu nelle nostre milizie, né giammai la vittoria rimase incerta. Chè l'Imperatore, oltre alla Guardia Imperiale, ebbe sempre un buon numero di milizie di riserva per riparare a tutti i casi non preveduti.

Il Maresciallo Soult si move innanzi, e l'Imperatore ha nel tempo stesso informato la cavalleria francese di riserva cominciare a mettersi in ordinanza di combattimento, e le due divisioni del Corpo del Maresciallo Ney collocarsi indietro sul campo di battaglia. Onde fatte avanzare tutte le milizie di riserva nella prima linea, diedero addosso al nemico, e lo costrinsero a ritirarsi.

La ritirata procedette in ordine nella prima ora; ma fu tutto uno scompiglio quando le nostre divisioni di dragoni e di corazzieri, capitanate dal granduca di Berg, vi diedero dentro.

Questa brava cavalleria, fremendo che la vittoria si acquistasse senza l'opera sua, si precipitò ovunque erano nemici; e sì la fanteria come la cavalleria prussiana furono costrette a piegare, avendo indarno la prima tentato di resistere co' suoi battaglioni serrati, dei quali cinque furono abbattuti; insomma artiglieria, cavalleria, e fanteria, tutto fu sbaragliato; talchè i Francesi giunsero a Weimar nel medesimo istante che vi giunse il nemico, perseguitato per lo spazio di sei leghe.

Miracoli alla nostra diritta faceva il Corpo del Maresciallo Davout, il quale secondato dai generali Gudin, Triant, Morand, Daultanne, Capo dello Stato Maggiore, e dalla intrepidezza delle genti da lui comandate di prove straordinarie di valore e di fermezza d'animo, prima prerogativa d'un uomo di guerra.

Conseguenze della battaglia sono circa quarantamila prigionieri, i quali giungevano ad ogni momento; circa trenta bandiere; trecento cannoni; immensi magazzini di vettovaglie. Fra prigionieri si trovano più di venti generali, e i più luo gotenenti generali, come era il Schmettau.

I morti dell'esercito prussiano [sono] innumerevoli.

Il Feldmaresciallo Mollendorff è stato ferito; uccisi il duca di Brunswick, e il general Rüchel; ferito gravemente il principe Enrico di Prussia; e per fede dei disertori, dei prigionieri, e degli ambasciatori, sono all'estremo il disordine e la costernazione negli avanzi dell'esercito nemico.

Dalla parte nostra non abbiamo a piangere fra i generali morti che il general di brigata Billy, eccellente soldato; e fra i feriti il generale di brigata Conroux.

Fra i colonnelli morti si contano Vergès del Dodicesimo reggimento di fanteria di linea; Lamotte del Trentaseiesimo; Barbenegre del Nono degli Usseri; Marigny del vigesimo de'Cacciatori; Harispe del Sedicesimo di fanteria leggera; Dulemburg del Primo Dragoni; Nicolas del Sessantunesimo di linea; Viala dell'Ottantunesimo; Higonet del Centottesimo. Gli usseri e i cacciatori hanno in queste battaglie mostrato un ardire degno dei maggiori elogi. Innanzi ad essi non ha mai retto la cavalleria prussiana, e tutte le loro fazioni sono riuscite felicissime.

Non parliamo della fanteria francese, da gran tempo conosciuta per la migliore fanteria del mondo.

Quanto alla cavalleria aver dopo la prova di due guerre, e di questa ultima battaglia dichiarato l'Imperatore non esservi l'eguale.

Nella stessa battaglia, l'esercito prussiano ha perduto la via di ritirarsi, e tutta la sua linea di movimenti; impe rocchè operando la sua ala sinistra, inseguita dal Maresciallo Davout, la sua ritirata sopra Weimar nel tempo che l'ala diritta e il centro si ritiravano da Weimar a Namburg, bisognò che lo scompiglio fosse estremo, e che il re attraversando i campi si ritirasse col suo reggimen to di cavalleria.

La nostra perdita si riduce a mille o poco più morti e a tre mila feriti.

Avendo in questo momento il duca di Berg investito la fortezza d'Erfurth, vi si è trovato un Corpo di nemici comandati dal Maresciallo di Mollendorff e dal principe di Orange.

Frattanto lo stato maggiore prepara un rapporto ufficiale, che in tutte le sue particolarità farà conoscere questo fatto d'arme, e i servigi renduti dai differenti Corpi d'Armata e di reggimenti.

Il che se potrà aumentare gli obblighi di stima e di osservanza che la nazione deve all'esercito, non potrà accrescere il sentimento di tenerezza, che ha provato chiunque è stato testimone dell'entusiasmo e dell'amore che ella dimostrava all'Imperatore nell'atto del combattere.

Se alcun momento di titubanza sorgeva, basta il grido di *Viva l'Imperatore* perchè l'ardore e il coraggio si ravvivassero in ognuno; e quando l'Imperatore veggendo le sue schiere minacciate dalla cavalleria nemica lanciavasi a galoppo nel maggior bollore della zuffa per ordinare movimenti di fronte in quadrati, le stesse grida di *viva l'Imperatore* ad ogni istante l'interrompevano. Vedendo la Guardia Imperiale a piè, che mentre gli altri corpi menavano le mani, ella si rimaneva inoperosa, non seppe resistere di mostrarsene sdegnosa, e più volte s'udì gridare *Avanti!*

Al che l'Imperatore replicò:

Che è ciò mai? Ben si sente una gioventù imberbe, che vorrebbe pregiudicare ai miei divisamenti, aspetti d'aver comandato a trenta battaglie vinte prima di osare di darmi degli avvisi .

Erano infatti dei veliti, al cui giovane coraggio tardava l'ora di segnalarsi[19].

In una battaglia sì fiera e ardente, mentre il nemico perdeva quasi tutti i suoi generali, dobbiamo la provvidenza ringraziare di non aver perduto, né che sia rimasto ferito alcun uomo notevole, quantunque il Maresciallo Lannes e Davout corressero sì vicino il pericolo.

Ovunque l'Imperatore si è mostrato, lui circondavano il principe di Neufchatel [il Maresciallo Berthier, Capo di Stato Maggiore], il Maresciallo Bessiéres, il Gran Maresciallo di Palazzo Duroc, il Grande Scudiere Caulincourt, e i suoi aiutanti di campo.

ALL'IMPERATRICE, A MAGONZA.

Weimar, 16 ottobre, a 5 ore di sera 1806.

Il Sig. Talleyrand ti avrà mostrato il bullettino, mia buona amica; dal quale avrai ricavati i miei successi: tutto è accaduto come lo aveva calcolato, e giammai un'armata è stata più di questa battuta e così intieramente dispersa.

Mi resta a dirti che sto bene, e che la fatica, il campo e le veglie mi hanno fatto ingrassare.

Addio, mia buona amica; mille cose amabili ad Ortensia e a Napoleone maggiore.

Tutto tuo.

---

19   Nel celebre quadro di Horace Vernet *Napoléon passe en revue la Garde Imperiale à Iena* (1836) l'episodio è attribuito ad un Granatiere della Guardia.

Napoleone I in divisa di colonnello degli *Chasseurs à Cheval de la Garde*

Michel Ney, Duca di Elchingen e futuro Principe della Moscova (1812) (da F. Gerard).

Il generale Jean Joseph Ange d'Hautpoul, comandante dei Corazzieri della *Grande Armée*

Ufficiali degli *Chasseurs à cheval de la Garde*, alta tenuta e tenuta di servizio

Ufficiale dei *Dragons de l'Impératrice* in gran tenuta, 1806

Ufficiale dei *Dragons de l'Impératrice* in tenuta di servizio, 1806

Dragone della Guardia Imperiale in tenuta di servizio. *Il Règiment des Dragons de l'Impératrice* venne istituito in occasione della campagna del 1806

Trombettiere del *1er Cuirassiers* in tenuta di campagna

Trombettiere del *2me Cuirassiers* in tenuta di campagna

Trombettiere del *7me Cuirassiers* in tenuta di campagna

I trofei del *4me Dragons*, Jena 1806. (Var. da Detaille)

Trombettiere del *13me Dragons* in tenuta da campagna

Ufficiali del *7me Hussards*, 1806- 1807. Quadro ispirato a *I duellanti* di Josef Conrad

Ussaro del *7me* in ricognizione, 1806-1807- A differenza delle compagnie d'*elite* che indossavano il colbacco gli ussari delle compagnie di linea indossavano lo *shakot* con la placca romboidale con il numero del reggimento, che sarebbe stata sostituita nel 1810 dall'Aquila imperiale

Ufficiali del 3° corazzieri e del 7° ussari, tenuta di servizio e campagna 1806 - 1807

La strage dei corazzieri russi alla battaglia di Eylau (Job).

3. LA CAMPAGNA DI POLONIA DEL 1807: PREUSSISCH -EYLAU E FRIEDLAND

Haut les têtes, la mitraille n'est pas de la merde!
(Col. Lepic, Preussisch- Eylau 1807)

DISCORSO DELL'IMPERATORE ALL'ESERCITO.

Soldati!

Voi avete giustificata la mia aspettazione, e risposto degnamente alla fiducia del popolo francese. Avete altresì sopportato priva zioni e fatiche con coraggio pari alla intrepidezza nel combattere. E ben posso appellarvi degni difensori dell'onore della mia corona e del la gloria della grande nazione. Nè sarà mai chi possa fronteggiarvi in fino che sarete accesi dallo stesso amore.

Non so a qual parte della mia milizia dar preferenza; essendo che tutti siete valorosi.

Ma ecco i frutti delle nostre fatiche.

Abbiamo annichilita una delle principali potenze militari che fosse in Europa, dacchè osò ontosa capitolazione profferirci.

Abbiamo in sette giorni attraversato le foreste e strette di Franconia, la Saale, e l'Elba, che i nostri maggiori non avevano attraversato in sette anni, appiccando quattro fatti d'arme, e una grande battaglia. Ab biamo ottenuto che il grido delle nostre vittorie ci precedesse a Postdam e a Berlino.

Abbiamo fatto sessantamila prigionieri, e preso sessantacinque bandiere, fra le quali quelle delle guardie del re di Prussia, seicento cannoni, tre fortezze, più di venti generali. Pure quasi la metà di voi si rammarica di non aver tratto un colpo di fucile; mentre tutte le provincie della monarchia prussiana fino all'Oder sono in poter nostro.

Ora, o soldati, i Russi si vantano di venire incontro a noi; e noi marceremo per incontrar loro, risparmiando ad essi un mezzo cammino, e facendo che abbiano a ritrovare Austerlitz in mezzo della Prussia.

Nè sarà mai avversario per noi terribile una nazione che ha sì presto dimenticato la nostra generosità nella capitolazione, che in detta battaglia le concedemmo, onde il suo Imperatore, la sua corte, e gli avanzi del suo esercito poterono salvarsi.

Nel tempo che marceremo incontro ai Russi, nuovi eserciti formati nell'interno dell'impero verranno a guardare le nostre conquiste.

Il mio popolo, come un sol uomo, si è levato sdegnato della ontosa capitolazione proposta nel loro delirio dai ministri prussiani.

Le nostre vie e frontiere formicolano di coscritti, ai quali tarda il momento di venire sulle vostre orme. Non saremo da qui avanti più ludibrio di paci fraudolenti, né le armi poseremo se non quando avremo costretti gl'Inglesi, nemici eterni della nazion fran cese, ad abbandonare il disegno di agitare il continente, e rinunziare alla tirannia de'mari.

Soldati!

Non posso meglio significarvi l'amor mio che dicendovi che io amo voi come avete voi amato me costantemente.

IL BLOCCO CONTINENTALE

Il 21 novembre Napoleone pubblicò a Berlino il famoso decreto istutivo del blocco continentale contro l'Inghilterra in risposta al blocco fittizio britannico contro la Francia e i paesi satelliti dichiarato dall'Inghilterra. Per effetto del blocco nessuna nave che provenisse direttamente dall'Inghilterra o dalle sue colonie poteva più essere accolta nei porti dell'Impero francese. Più tardi, in risposta alle analoghe misure prese dall'Inghilterra, Napoleone con i decreti di Fontainebleau e

Milano del 1807 dichiarò confiscabili le navi neutrali che avessero fatto scalo in porti inglesi. Efficace nel biennio 1807-08, quando vi aderirono Russia, Prussia, Danimarca, l'Impero austriaco e la Svezia, il blocco gravò poi pesantemente sulla politica economica e sociale della Francia; dopo il 1809 perdette rapidamente efficacia.

.Berlino, 21 novembre 1806.

Napoleone, Imperatore de' Francesi, e Re d'Italia considerando:

Primo che l'Inghilterra rifiuta il diritto delle genti rispettato universalmente da tutti i popoli civili;

Secondo, che reputando nemico tutto ciò che a stato nemico appartiene, arresta non solo i vascelli da guerra, ma ancora le navi mercantili e di commercio, imprigionando altresì i mercatanti che viaggiano per loro negozi particolari;

Terzo, che allarga ai ba stimenti e mercatanzie di commercio, e alle proprietà de'particolari, le ragioni di conquista, non applicabili che a nemici;

Quarto, ch'ella alle città e porti di commercio non fortificati e alle imboccature delle riviere, estende l'assedio, che secondo il diritto e l'uso di tutti i popoli civili non si può porre che alle fortezze, e dichiara assediate alcune città, innanzi alle quali non mantiene un sol bastimento da guerra: e vuole altresì che sieno in stato d'assedio luoghi per assediar i quali non sarebbono sufficienti tutte le sue forze riunite, e quelle di tutto l'impero.

Quinto, che questo abuso mostruoso di diritto di assedio non ha altro fine che d'impedire le comunicazioni fra i popoli, e d' innalzare il commercio e l'industria inglese sopra la rovina dell'industria e del commercio del continente.

Sesto, che tale essendo lo scopo dell'Inghilterra, chiunque faccia sul continente il commercio delle mercanzie inglesi, lo favoreggia e ne profitta a carico delle altre potenze: cosa ve ramente degna de'secoli barbari.

Settimo, che è ragion naturale l'opporre al nemico le stesse armi, ond'esso offende, e guerreggiarle così com'ei guerreggia, allorquando dispregia tutt'i sentimenti di giustizia e di libertà, che è l'effetto del viver civile;

Abbiamo risoluto di applicare all'Inghilterra le stesse consuetudini, che ella ha con le sue leggi consacrate: perlochè il presente decreto sarà principio inconcusso e fondamentale dell'Impero, infino che l'Inghilterra non abbia riconosciuto che il diritto della guerra è uno, e il medesimo così per le terre come per i mari; che non può estendersi né alle sostanze private qualunque elle sieno, né alle persone non militari; e che il diritto degli assedj deve restringersi alle fortezze realmente investite da sufficienti forze. In conseguenza di che abbiamo decretato e decretiamo quanto qui appresso.

1. Le isole britanniche sono dichiarate come assediate.

2. Interdetto ogni commercio e corrispondenza colle medesime, e le lettere o pieghi diretti in Inghilterra, o a qualche inglese, o scritti in lingua inglese, saranno intercetti e presi.

3. Ogni suddito inglese, di qualunque stato e condizione egli sia, il quale si troverà in paese occupato dalle nostre milizie o da quelle dei nostri confederati, sarà fatto prigione di guerra.

4. Qualunque magazzino, o mercanzia, o sostanza, di qualunque genere ella possa essere, dove a qualche suddito inglese apparte nesse, potrà esser presa.

5. Resta proibito il commercio delle mercanzie inglesi; e qualunque mercanzia appartenente all'Inghilterra, o proveniente dalle sue fabbricazioni e delle sue colonie, potrà legittimamente prendersi.

6. La metà del profitto delle sopraddette confische servirà per indennità delle perdite sofferte dai mercanti dietro a bastimenti presi dalle crociere inglesi.

7. Nessuna nave inglese che venisse direttamente d'Inghilterra o dalle sue colonie, o vi fosse stata dopo la pubblicazione verrà in alcun porto ricevuta.

8. Quei bastimenti che mediante una falsa dichiarazione mancassero alla prescrizione qui sopra espressa, saranno presi e confiscati come se fossero di proprietà inglese.

9. Il Tribunale delle prede di Parigi dovrà giudicare definitivamente ogni controversia che nel Nostro Impero o nei paesi occupati dalle armi francesi potesse sorgere rispettivamente al presente decreto: come il tribunale delle prede di Milano dovrà giudicare delle stesse controversie per tutto il Nostro Regno italico.

10. Del presente atto sarà fatta comunicazione dal nostro Ministro delle relazioni estere, ai re di Spagna, Napoli, Olanda ed Etruria, e a tutti i nostri confederati i cui popoli suo come i nostri segno alla ingiustizia alla barbarie della legislazione inglese.

11. I Nostri Ministri degli affari esterni, della Marina, Finanze, e Polizia, e i Nostri direttori generali delle poste, sono richiesti della esecuzione di questo decreto, per ciò che ad ognuno appartiene.

ALL'IMPERATRICE, A MAGONZA.

Wittemberg, 23 ottobre, a mezzogiorno, 1806.

Ho ricevute parecchie tue lettere.
Non ti scrivo che un verso: i miei affari vanno bene.
Domani sarò a Potsdam, e il 25 a Berlino. Io sto a meraviglia; la fatica mi fa bene. Ho piacere di sentirti con Ortensia e Stefania in buona compagnia. Il tempo è stato bello fino ad ora.
Mille amabili cose a Stefania, e a tutti senza dimenticare Napoleone.
Addio, mia amica.
Tutto tuo.

ALL'IMPERATRICE, A MAGONZA.

Potsdam, 24 ottobre 1806.
Fino da ieri sono a Potsdam, mia buona ami ca, e vi resterò fino a oggi.
Continuo ad essere soddisfatto degli affari. La mia salute è buona; il tempo è bellissimo. Trovo Sans-Souci molto piacevole.
Addio, mia amica.
Tante cose a Ortensia, ed a Napoleone.

ALL'IMPERATRICE, A MAGONZA.

Berlino, 2 novembre 1806.
Ricevo la tua lettera del 26 ottobre. Abbiamo qui un tempo superbo.
Vedrai dal bollettino, che abbiamo preso Stettino; questa è una piazza fortissima.
Tutti i miei affari vanno pel meglio, e sono soddisfattissimo.
Mi manca il piacere di vederti, ma spero però che non tarderà molto.

ALL'IMPERATRICE, A MAGONZA.

6 novembre, a 9 ore di sera, 1806.

Ho ricevuta la tua lettera, dalla quale mi sembri sdegnata pel male che dico delle donne; è vero che odio le donne faccendiere[20]; soprattutto, perchè sono avvezzo a trattar donne buone, dolci e trattabili, e sono quelle che amo.

Se esse mi hanno guastato, non è mio difetto, ma tuo.

Del resto, vedrai che sono stato buonissimo con una che si è mostrata sensibile e buona, la Signora d'Hatzfeld[21].

Allorquando le mostrai la lettera di suo marito, ella mi diceva singhiozzando, con profonda sensibilità e con schiettezza: *Ah! sì questa è la sua scrittura!*

Quando leggeva, il suo accento, commoveva l'anima, e mi afflisse.

Le dissi: *Ebbene, signora, gettate questa lettera nel fuoco, ed allora io non avrò più tanta forza da far punire vostro marito.* Essa bruciò la lettera, e mi parve contenta. Suo marito dopo di questo era salvo; due ore più tardi, egli sarebbe stato perduto.

Tu vedi dunque che amo le donne buone, veritiere e dolci; perchè queste sole ti rassomigliano.

Addio, mia amica, io sto bene.

ALL'IMPERATRICE, A MAGONZA.

9 novembre 1806.

Mia buona amica, ti annunzio buone nuove. Magdeburgo si è arresa, ed il 7 novembre, ho colto a Lubecca 20.000 uomini che erano fuggiti otto giorni orsono.

Così, ecco tutta l'armata presa. Non rimangono alla Prussia, di là dalla Vistola che 20.000 soldati. Parecchi de'miei Corpi d'Armata sono in Polonia.

Io sono sempre a Berlino. Sto benissimo.

Addio, mia amica, mille amabili cose ad Ortensia, a Stefania, ed ai piccoli Napoleoni.

Tutto tuo.

ALL'IMPERATRICE, A MAGONZA.

16 novembre 1806.

Ricevo la tua lettera dell' 11 novembre.

Sento con soddisfazione, che i miei sentimenti ti fanno piacere.

T'inganni immaginando che essi possano essere esagerati; io ti ho parlato di te come ti vedo.

Mi affliggo in pensare che ti annoi in Magonza.

Se il viaggio non fosse così lungo, potevi venire fin qui, poichè non vi sono più nemici, o sono di là dalla Vistola, che è quanto dire a più di 120 leghe di qui.

Aspetterò di sentire ciò che ne pensi. Sarò anche molto contento di vedere Napoleone. Addio mia buona amica,

Tutto tuo.

NAPOLEONE.

Ho qui ancora troppi affari perchè io possa ritornare a Parigi.

---

20   L'Imperatrice, nella lettera di cui qui si parla, aveva protestato nel vedere la regina Maria Luisa di Prussia, ostinatamente avversa alla Francia, trattata con poco riguardo nei bollettini della *Grande Armée*.

21   N. si riferisce al fatto che il principe von Hatzfeld, governatore di Berlino, aveva inviata una lettera al principe di Hohenloe con informazioni sulle truppe francesi nella città. Intercettata, Hatzfeld era stato arrestato e condannato a morte per spionaggio.

ALL'IMPERATRICE A MAGONZA.

22 novembre, a 10 ore di sera 1806.

Ricevo la tua lettera. Sono spiacente di sentirti malinconica, mentre non hai che delle ragioni per essere allegra. Fai male a dimostrare tanta bontà a persone che se ne rendono indegne.

La signora [de] T[halouet] è così scema, così bestia, che tu la dovresti conoscere: e non prestarle attenzione veruna.

Sii contenta, felice della mia amicizia, e di tutti i sentimenti che tu m'inspiri.

Fra qualche giorno mi deciderò a chiamarti qui, oppure a rimandarti a Parigi. Addio, mia amica; puoi intanto andare se vuoi a Darmstad, ed a Francoforte: che troverai di che ricrearti.

Mille cose ad Ortensia.

MESSAGGIO AL SENATO CONSERVATORE.

Varsavia, il 29 gennaio, 1807.

Senatori.

Noi abbiamo ordinato al Nostro Ministro delle relazioni estere [Charles Maurice de Talleyrand- Pèrigord] di comunicarvi i trattati che noi abbiamo fermato col re di Sassonia[22], e coi diversi principi di questa casa.

La nazione sassone avea perduto la sua indipendenza il 14 ottobre 1755; la riacquistò il 14 ottobre 1806.

Dopo cinquant'anni, la Sassonia, garantita dal trattato di Posen, non è più oltre una provincia di Prussia.

Il duca di Sassonia Weimar, senza farne prima dichiarazione, si è gettato coi nostri nemici.

Era giusto nel vero il farne un esempio ai minori principi, che, non essendo astretti da leggi fondamentali, s'inframmettono nelle contese delle grandi nazioni; ma Noi ci siamo lasciati piegare dal desiderio di riconciliarci puramente e schiettamente con la Casa di Sassonia.

Il principe di Sassonia-Coburgo è morto.

Suo figlio trovandosi nel campo dei nostri nemici, noi abbiamo fatto mettere il sequestro sul suo principato.

Anche abbiamo commesso che vi sia presentato il rapporto del nostro ministro delle relazioni esterne intorno ai pericoli che sovra stano alla Porta-Ottomana.

Dai primi tempi della nostra giovinezza, fummo testimoni di tutti i mali che adduce seco la guerra; e pertanto, la felicità, la gloria, l'ambizione noi le facciamo consistere nelle conquiste e nell'opere della pace.

 Ma la forza delle congiunture, in che siamo ravvolti, domanda le <nostre più esquisite diligenze.

Ci vollero circa quindici anni di vittorie per ristorare la Francia dei danni dello smembramento della Polonia, che con una sola guerra fatta nel 1778 si sarebbe impedito.

E chi potrebbe estimare la lunghezza e il numero delle guerre che si dovrebbero fare un giorno per riparare ai danni che seguiterebbero dalla perdita dell'impero di Costantinopoli, se l'amore d'un vile riposo e delle delizie di una grande città superasse i consigli della presaga saviezza?

Noi lasceremmo una lunga eredità di guerre e di mali ai Nostri nepoti. Rimessa in onore e levata a trionfo la tiara greca, dal Baltico al Mediterraneo, vedremmo un nuvolo di fanatici e di barbari assalire dei nostri giorni le nostre provincie; e se nella troppo indugiata battaglia perisse l'Europa civile, la nostra negligenza ci sarebbe giustamente recata a colpa ed a biasimo dai posteri, e ne avremmo una nota d'ignominia nella storia.

L'Imperatore di Persia ch'è vessato entro al suo stato come fu la Polonia per sessant'anni, come è vessata la Turchia da ben vent'anni, dalla politica del gabinetto di Pietroburgo è del medesimo animo che la Porta[23], ed è venuto nelle stesse risoluzioni, e muove personalmente verso il Caucaso per difendere le sue frontiere.

Ma già l'ambizione dei Nostri nemici è stata confusa, il loro esercito disfatto a Pultusk[24] e a Golymin, e i loro battaglioni spaventati fuggono alla lunga all'apparire delle Nostre Aquile. Stando così le cose, a voler che la pace sia sicura a Noi, ella deve guarentire la perfetta indipendenza di questi due imperi.

22   Federico Augusto I, re di Sassonia dal 20 dicembre 1806.
23   la Sublime Porta, l'Impero ottomano.
24   Il 26 dicembre 1806 a Pultusk il Maresciallo Lannes alla testa del V° Corpo (20.000 uomini, saliti a 25- 27.000 nel corso della battaglia) aveva affrontato i russi di Bennigsen (45.000 uomini), riuscendo a sconfiggerli e catturando 30 cannoni. Il successo non venne però sfruttato strategicamente.

E se, l'ingiustizia e la smisurata ambizione dei Nostri nemici, ci costringeranno a perseverare nella guerra, i Nostri popoli mostreranno d'esser sempre degni con la loro energia, e col loro affetto verso di noi, dell'alta fortuna, che sarà il premio di tutte l'opere nostre; e solamente allora una lunga e stabile pace volgerà loro questi giorni di gloria in giorni riposati e felici.

BATTAGLIA DI PREUSSISCH- EYLAU, 8 FEBBRAIO 1807

CINQUANTOTTESIMO BOLLETTINO DELLA *GRANDE ARMÉE.*

Preussich-Eylau, 9 febbraio 1807.
Combattimento di Eylau.

Ad un quarto di lega dalla cittadina di Preussich-Eylau, si trova un altopiano che difende lo sbocco alla pianura. Il Maresciallo Soult ordinò al Quarantaseiesimo e Diciottesimo reggimento di linea di occuparlo. Tre reggimenti che lo difendevano furono travolti, ma nello stesso momento una colonna di cavalleria russa caricò l'estremità della sinistra del Diciottesimo, e scompaginò uno dei suoi battaglioni. I dragoni della divisione di Klein se ne avvidero in tempo; le truppe entrarono nella città di Eylau.

Il nemico aveva schierati diversi reggimenti in una chiesa e in un cimitero. Fece un'ostinata resistenza e, dopo una lotta mortale da entrambe le parti, la posizione fu occupata alle dieci di sera. La divisione di Legrand pose i suoi bivacchi di fronte alla città e la divisione di Saint-Hilaire sulla destra. Il Corpo del Maresciallo Augereau si posizionò a sinistra: il Corpo del Maresciallo Davout aveva marciato il giorno prima per superare Eylau e piombare sul fianco sinistro del nemico, se non avesse cambiato posizione. Il Maresciallo Ney era in marcia per sorpassarlo sul fianco destro. Fu in questa posizione che passò la notte.

Battaglia di Eylau

All'alba, il nemico iniziò l'attacco con un feroce bombardamento sulla città di Eylau e sulla divisione Saint-Hilaire. L'imperatore si diresse alla posizione della chiesa, che il nemico aveva difeso tanto il giorno prima.

Avanzò il Corpo del Maresciallo Augereau e bombardò la collina con quaranta pezzi di artiglieria. Uno spaventoso duello d'artiglieria si impegnò su entrambi i lati.

L'esercito russo, schierato in colonne, era a metà della portata dei cannoni; ogni colpo andava a segno. Sembrò per un momento dai movimenti del nemico, impaziente di soffrire così tanto, che voleva sfondare alla nostra sinistra. Nello stesso momento, i *tirailleurs* del Maresciallo Davout si fecero sentire e raggiunsero le retrovie dell'esercito nemico; il Corpo del Maresciallo Augereau, allo stesso tempo, emerse in colonne, per raggiungere il centro del nemico e, così dividendo la sua attenzione, gli impedì di reggersi completamente contro il Corpo del Maresciallo Davout. La divisione di Saint-Hilaire sboccò sulla destra; entrambe dovettero manovrare per radunarsi con il Maresciallo Davout: il Corpo del Maresciallo Augereau e la divisione di Saint-Hilaire erano appena emersi, fino a quando una neve spessa, tale che non si vedeva a due passi, coprì i due eserciti.

In questa oscurità l'obbiettivo era perduto e le colonne, premendo troppo a sinistra, ondeggiavano incerte.

Questa desolata oscurità è durata mezz'ora. Quando il maltempo si diradò, il Granduca di Berg, a capo della sua cavalleria, e sostenuto dal Maresciallo Bessieres a capo della Guardia, comandò la divisione Saint-Hilaire e piombò sull'esercito nemico: manovra audace, se mai ce ne ne fu una, che copriva di gloria la cavalleria e che si era reso necessaria nelle circostanze in cui si trovavano le nostre colonne. La cavalleria nemica, che desiderava opporsi a questa manovra, fu travolta; il massacro è stato orribile. Due linee di fanteria russa furono infrante; la terza ha resistito solo appoggiandosi a un bosco.

Gli squadroni della Guardia hanno sfondato due volte [le linee dell]'esercito nemico.

Questa carica brillante e inaudita che aveva travolto più di ventimila fanti e li aveva obbligati ad abbandonare i loro pezzi, avrebbe deciso subito la vittoria, senza il bosco e alcune difficoltà sul terreno. Il generale di divisione d'Hautpoult fu ferito da un biscaglino.

Il generale Dalhmann, al comando dei Cacciatori della Guardia, e molti dei suoi intrepidi soldati morirono coprendosi di gloria. Ma i cento dragoni, i corazzieri, i soldati della Guardia che furono trovati sul campo di battaglia, vennero trovati circondati da più di mille cadaveri nemici.

Questa parte del campo di battaglia è orribile da vedere. Nel frattempo, il Corpo del Maresciallo Davout sboccava alle spalle del nemico. La neve, che, più volte al giorno, oscurò il tempo, ha anche ritardata la sua marcia e quella delle sue colonne.

Il male del nemico è immenso, quello che abbiamo vissuto è considerevole. Trecento cannoni hanno vomitato la morte su entrambi i lati per dodici ore. La vittoria, incerta per lungo tempo, fu decisa e raggiunta quando il Maresciallo Davout arrivò sull'altopiano e travolse il nemico che, dopo aver fatto sforzi vani per riprenderlo, iniziò una ritirata. Nello stesso momento, il Corpo del Maresciallo Ney sbrucato da Altorff a sinistra, e respinse davanti a sé il resto della colonna prussiana, fuggì dal combattimento di Deppen.

Giunse al villaggio di Schnaditten la sera, e così il nemico si trovò così stretto tra il Corpo dei marescialli Ney e Davout, che, temendo di vedere compromessa la sua retroguardia, si risolse alle otto di sera di riprendere il villaggio di Schnaditten.

Diversi battaglioni di granatieri russi, gli unici che non avevano ancora combattuto, si presentarono davanti a questo villaggio; ma il Sesto reggimento di fanteria leggera li fece avvicinare a distanza ravvicinata e li mise in rotta completa. Il giorno seguente il nemico fu inseguito sul fiume Frischling. Si ritira oltre il Pregel. Lasciò sedici pezzi di cannone e i suoi feriti sul campo di battaglia. Tutte le case dei villaggi che ha attraversato di notte ne sono piene.

Il Maresciallo Augereau è stato ferito da un proiettile. I generali Desjardins, Heudelet, Lochet, furono feriti. Il generale Corbineau è stato abbattuto da una palla. Il colonnello Lacué, del Sessantatreesimo, e il colonnello Lemarois, del Quarantatreesimo furono uccisi da proiettili. Il colonnello Bouvieres, dell'Undicesimo reggimento di Dragoni, non sopravvisse alle sue ferite. Tutti sono morti con gloria.

La nostra perdita ammonta esattamente a millenovecento morti e cinquemilasettecento feriti, di cui un migliaio di feriti gravi, saranno fuori servizio. Tutti i morti furono seppelliti nel giorno del 10.

Settemila russi furono contati sul campo di battaglia.

Quindi la spedizione offensiva del nemico, che aveva lo scopo di attaccare Thorn straripando la sinistra del grande esercito, gli fu fatale.

Da dodici a quindicimila prigionieri, come molti uomini di combattimento, diciotto bandiere, quarantacinque pezzi di cannone, sono trofei pagati troppo cara senza dubbio dal sangue di tanti uomini coraggiosi.

Piccoli fastidi del tempo, che sarebbero apparsi lievi in qualsiasi altra circostanza, hanno contrastato notevolmente le combinazioni del generale francese. La nostra cavalleria e artiglieria hanno fatto meraviglie.

La Guardia a cavallo ha superato se stessa; c'è molto da dire.

La Guardia era stata con le armi al braccio tutto il giorno sotto il fuoco di una spaventosa mitraglia, senza sparare o fare alcun movimento. Le circostanze non erano quelle che doveva dare. Anche l'infortunio del Maresciallo Augereau è stato un incidente sfortunato, lasciando, durante il culmine della mischia, il suo Corpo di armata senza un capo in grado di dirigerlo.

Questo resoconto dà l'idea generale della battaglia. Ci sono stati eventi che onorano il soldato francese: lo staffstato maggiore si occupa di raccoglierli.

Il consumo di munizioni è stato considerevole; è stato molto minore nelle munizioni di fanteria.

L'Aquila di uno dei battaglioni del Diciottesimo reggimento non fu trovata; probabilmente è caduta nelle mani del nemico. Non possiamo rimproverare questo reggimento; è, nella situazione in cui si trovava, un incidente di guerra; tuttavia, l'Imperatore ne restituirà un'altra quando [il reggimento] avrà preso una bandiera dal nemico.

Questa campagna è terminata, il nemico, sconfitto, viene rigettato a cento leghe dalla Vistola. L'esercito riprenderà i suoi accantonamenti e tornerà ai suoi quartieri invernali.

ALL'IMPERATRICE , A PARIGI.

Eylau tre ore del mattino 9 febbraio 1807.

Mia amica, ieri vi è stata una grande battaglia; la vittoria è stata mia ma ho perduta molta gente; le perdite del nemico che sono ancora più considerevoli non mi consolano.

Infine, ti scrivo queste due righe io stesso, quantunque sia molto affaticato, per dirti che sto bene, e che ti amo. Tutto tuo.

ALL'IMPERATRICE, A PARIGI.

Eylau, 9. febbraio a sei ore di sera 1807.

Ti scrivo una parola, mia amica, affinchè tu non stia inquieta. Il nemico ha perduta la battaglia, 40 pezzi d'artiglieria, 10 bandiere, 12.000 prigionieri; egli ha sofferto orribilmente.

Io ho perduta molta gente, 1600 uccisi, e 3 in 4000 feriti.

Il tuo cugino Tascher sta bene; l'ho chiamato presso di me col titolo di ufficiale d'ordinanza. Corbineau è stato ucciso da una bomba; io mi ero singolarmente affezionato a quest'uffiziale, che aveva molto merito; ciò mi spiace assai. La mia Guardia a cavallo si è coperta di gloria. D'Allemagne è gravemente ferito.

Addio, mia amica.

Tutto tuo. N

ALL'IMPERATRICE, A PARIGI.

Eylau, 11 febbraio, a 3 ore del mattino 1807.

Ti scrivo una riga, mia amica; tu devi essere stata molto inquieta.

Ho battuto il nemico in una memorabile giornata, ma che mi e costata molti coraggiosi.

 Il cattivo tempo che fa m'induce a ritirarmi ne'miei alloggiamenti.

Non t'affliggere, te ne prego; tutto questo finirà ben presto, e la felicità di vederti, mi farà prontamente di-menticare le mie fatiche.

Del resto non sono mai stato così bene.

Il tuo cugino Tascher, del 4° di linea si è condotto assai bene; è stato sottoposto a una dura prova.

L'ho chiamato presso di me, l'ho fatto uffiziale d'ordinanza; cosìcchè ecco finite le sue pene. Questo giovanetto mi interessa .

Addio mia buona amica, mille baci.

PROCLAMA DI S.M. ALL'ESERCITO.

16 febbraio 1807.

Soldati! Noi cominciavamo a prendere un poco di riposo nei nostri alloggiamenti d'inverno, quando il nemico ha assalito il primo Corpo d'esercito, ed è comparso sulla Bassa-Vistola.

Noi siamo andati a riscontrarlo; noi l'abbiamo cacciato con la spada nei fianchi per lo spazio di ottanta leghe. Egli è rifuggito nei ripari delle sue piazze, e ha rivalicato la Prègel.

Noi gli abbiamo tolto, nei combattimenti di Bergfried, di Deppen, di Hoff, alla battaglia di Eylau, sessantacin-que cannoni, sedici bandiere, e ucciso, ferito, e fatto prigionieri più di quarantamila uomini.

I valorosi che dal nostro lato, sono rimasti uccisi sul campo dell'onore, perirono di una morte gloriosa; questa è la morte dei veri soldati.

Con le nostre cure e coi nostri benefici sodisfaremo sempre al debito che ci hanno fatto contrarre con le loro famiglie.

Sventate così tutte le macchinazioni del nemico, ci raccosteremo alla Vistola, e ci ridurremo nei nostri alloggiamenti.

Chi s'attenterà turbarne il riposo, avrà a pentirsene, perchè al di là della Vistola come al di qua del Danubio, tra i geli del verno, come all'entrare dell'autunno, noi saremo sempre i soldati francesi, e i soldati francesi della *Grande Armée*.

PROCLAMA DI S. M. ALL'ESERCITO.

Osterode, 20 marzo, 1807

Noi abbiamo ordinato che vi sia presentato uno schema di Senato Consulto, ordinato a convocare da questo punto la coscrizione del 1808.

Il rapporto che ci ha fatto il nostro ministro della guerra vi farà intendere i vantaggi d'ogni maniera che verranno da questo provvedimento. Tutto suona armi intorno a noi. L'Inghilterra ha testè ordinato una leva di dugentomila uomini; altre potenze eziandio fanno di grandi arrolamenti.

Per quanto i nostri eserciti sian formidabili; per quanto sian numerosi, gli ordinamenti che si contengono in questo schema di senato-consulto ci sembrano, se non necessari, utili almeno ed a proposito.

Egli si vuol fare per modo che alla vista di questa triplice barriera di campi che attornierà il nostro territorio, come alla vista del triplice ordine di piazzeforti che rendono secure le nostre più importanti frontiere, non possa capir nell'animo ai nostri nemici la più lieve speranza di riuscire contro di noi, ma cadan d'animo, e non potendo nuocerci, si arrechino finalmente all'amore della giustizia e della ragione.

Siamo stati compresi da un vero senso di riconoscenza a vedere con quanto studio i nostri popoli si siano affrettati a compiere il se nato-consulto del 24 settembre 1805 e del 4 dicembre 1806.

Ogni francese vorrà mostrarsi similmente degno di un sì bel nome.

A comandare e a dirigere questa cara gioventù noi abbiamo eletto alcuni senatori che si sono segnalati nell'armi, e desideriamo che questa nostra risoluzione vi sia suggello della immensa fede che abbiamo riposta in voi.

Da questi senatori i giovani coscritti impareranno che la disciplina e la tolleranza delle fatiche e dell' opere della guerra sono principalmente pegni e auspici della vittoria.

Impareranno da loro a porre quanto sono e possono per la gloria del trono, e per la salute della patria, siccome da quelli che sono membri d'un corpo che n'è il presidio più saldo.

Noi abbiamo superato tutti i nostri i nostri nemici.

In sei mesi, abbiamo varcato il Meno, la Saale, l' Elba, l'Oder, la Vistola; noi abbiamo conquistate le piazze più formidabili d'Europa, Magdeburgo, Hameln, Spandau, Stettino, Custrin, Glogavia, Breslavia, Schweidnitz, Brieg; i nostri soldati hanno avuto la meglio in molte fazioni, e in parecchie battaglie campali; hanno preso più di ottocento cannoni sul campo di battaglia; hanno inviato alla volta di Francia quattromila pezzi da assedio, quattrocento bandiere prussiane e russe, e meglio di dugentomila prigionieri; l'arene della Prussia, le solitudini della Polonia, le piogge d'autunno, le brinate dell' inverno non intiepidirono il loro ardore di acquistare la pace per la via della vittoria, e ridursi al loco natio per la via dei trionfi. E pure i nostri eserciti d'Italia, di Dalmazia, di Napoli, i nostri campi di Boulogne, di Bretagna, di Normandia, del Reno, non sono tocchi. di nuovi mezzi di potenza, lo diciamo apertamente, non è nostro intendimento di abusarne, tirando in lungo la guerra. La nostra politica è ferma: noi abbiamo profferto la pace all'Inghilterra innanzi ch'ella avesse fatto irrompere la quarta coalizione; questa profferta noi la facciamo ancora. Il ministro di cui essa si è principalmente servita in questi negoziati ha dichiarato autenticamente in quelle pubbliche assemblee che questa pace poteva esserle onore e vantaggio; egli ha chiarito così la giustizia della causa che difendiamo.

Noi non ci tiriamo indietro dal formare un trattato con la Russia sotto le condizioni medesime che il suo negoziatore avea sottoscritte e ch'ella ha scartate pei raggiri e i sobillamenti dell'Inghilterra.

Noi siamo pronti a dar la pace a questi otto milioni di abitanti conquistati dalle nostre armi, e a rendere la sua capitale al re di Prussia.

Ma se le illusioni di cui la passione schernisce il senno dell'Inghilterra non sono svanite da tanti e replicati documenti di temperato animo che furon dati da noi, se questa potenza non può soddisfarsi che d'una pace che abbassi la nostra dignità, non ci resta altro a fare che a rimpiangere i mali della guerra, e a farne ricader l'obbrorio ed il biasimo sopra questa nazione che nudrisce il suo monopolio del sangue del Continente.

La nostra energia, il coraggio, la devozione, e la potenza dei nostri popoli ci presteranno mezzi sicuri e saldi da render vane le leghe raccozzate dall'iniquità e dall'odio e per rivolgerle in danno ed onta dei loro autori.

Francesi!

Noi affrontiamo tutti i pericoli per la gloria e per la tranquillità dei nostri figli.

BATTAGLIA DI FRIEDLAND, 14 GIUGNO 1807

SESSANTESIMO BOLLETTINO DELLA *GRANDE ARMÉE*.

Wehlau 17 giugno 1807.

I combattimenti di Spandern, di Lomitten, le giornate di Guttstadt e di Heilsberg non erano che il preludio di più grandi avvenimenti.

Il 12, alle quattro della mattina, l'esercito francese entrò a Heilsberg.

Il generale Latour-Maubourg con la sua divisione di dragoni , e le brigate di cavalleria leggiera dei generali Durosnel e Wattier, inseguirono il nemico sulla destra ripa dell'Alle per la volta di Bartenstein, mentrechè i corpi dell'esercito movevano a diversi punti per vincerlo della mano, e tagliargli la ritirata sopra Königsberg, raggiungendo prima di lui i suoi magazzini.

La fortuna favorì il nostro disegno. Il 12, alle cinque dopo mezzogiorno, l'Imperatore trasferì il suo principale alloggiamento a Eylau.

Non erano più i campi coperti di ghiaccio e di neve: era il più bel paese del mondo, intersecato di belle selve, di bei laghi, e popolato di graziosi villaggi. Il granduca di Berg si condusse il 13 sopra Königsberg con la sua cavalleria; il Maresciallo Davout lo seguì per fargli puntello; il Maresciallo Soult si condusse sopra Creutzburg; il Maresciallo Lannes sopra Domnau; i marescialli Ney e Mortier sopra Lampasch. Intanto il generale Latour-Maubourg scriveva di aver perseguito la retroguardia nemico; che i Russi abbandonavano di molti feriti; che avevano sgombrato Bartenstein, e seguivano a ritirarsi sopra Schippenbeil tenendo per la riva dell'Alle.

L'Imperatore inosse a dirittura sopra Friedland; commise al duca di Berg, ai marescialli Soult e Davout di armeggiare sopra Königsberg, e coi corpi dei marescialli Ney, Lannes, Mortier, con la Guardia Imperiale e il primo Corpo capitanato dal generale Victor, mosse personalmente sopra Friedland.

Il 13, il nono degli Usseri entrò a Friedland; ma ne fu cacciato e rispinto da tremila uomini di cavalleria.

Il 14, il nemico irruppe sul ponte di Friedland. A tre ore del mattino, si sentì il cannone. *E' un fortunato giorno,* disse l'Imperatore; *è l'anniversario di Marengo.*

I Marescialli Lannes e Mortier entrarono i primi in battaglia; facean loro spalla la divisione di dragoni del generale Grouchy, e le corazze del generale Nansouty.

Vari movimenti, varie azioni seguirono. Il nemico fu rintuzzato, e non seppe oltrepassare il villaggio di Posthenem. Credendosi di non aver a fare che con un corpo di quindicimila uomini, seguì la sua mossa per difilarsi a Königsberg. In questo incontro, i dragoni e i corazzieri francesi fecero di bellissime cariche, e presero quattro cannoni al nemico.

Alle cinque della sera, i vari corpi dell'esercito erano ciascuno al suo loco.

Il Maresciallo Ney alla destra; alla sinistra il Maresciallo Mortier, alla riserva il Corpo del generale Victor, e la Guardia. La cavalleria, che obbediva al generale Grouchy, facea puntello; Latour-Maubourg era di riserva dietro la destra; la divisione dei dragoni del generale Lahoussaye e i corazzieri sassoni erano di riserva dietro la schiera del mezzo o la battaglia.

Intanto il nemico aveva schierato tutto l'esercito; egli appoggiava la sua sinistra alla città di Friedland, e la sua destra si prolungava a una lega e mezzo.

L'Imperatore dopo aver riconosciuto il sito deliberò di occupare subito la città di Friedland col rimutare prestamente rimando la fronte, precedendo la destra, e fece cominciar l'assalto dall'estremità della sua destra.

A cinque ore e mezzo, il Maresciallo Ney si mosse; alcune salve d'una batteria di venti cannoni diedono il segno. In quel punto medesimo, la divisione del generale Marchand s'inoltrò, l'arme in braccio, sopra il nemico, facendo la volta del campanile della città. La divisione del generale Bisson gli facea appoggio alla destra.

Come il nemico s'accorse che il Maresciallo Ney aveva lasciato la selva, ove la sua destra era assituata, gli fece precorrere alcuni reggimenti di cavalleria, con innanzi un nugolo di cosacchi.

La divisione di dragoni del generale Latour-Maubourg si squadronò in istante sulla destra, e ributtò la carica dell'avversario. Intanto il generale Victor fece porre una batteria di trenta cannoni innanzi alla sua schiera di mezzo; il generale Sennarmont, che la comandava, s'avanzò meglio di quattro cento passi, ed inferì gravissimo danno al nemico.

Nulla valsero le varie dimostrazioni dei Russi per fare una diversione. Il Maresciallo Ney, col sangue freddo e con l'intrepidità ch'è tutta sua si trovava dinanzi alle sue genti ordinate a scaglioni, ed egli stesso conduceva le più minute cose, e dava l'esempio ad un corpo di soldati, che si è segnalato sempre, eziandio tra i corpi della Grande Armata.

Parecchie colonne di fanteria nemica, che assalivano la destra del Maresciallo Ney, furono cacciate alla bajonetta, e precipitate nell'Alle.

Parecchie migliaia d'uomini vi trovarono la morte; alcuni si salvarono a nuoto. In questo mezzo tempo la sinistra del Maresciallo pervenne al burrone che è intorno alla città di Friedland. Il nemico, che vi aveva posto in agguato la Guardia Imperiale russa a piedi e a cavallo, uscì fuori intrepidamente, e caricò la sinistra del Maresciallo Ney, che fu smossa un istante; ma la divisione Dupont, che era la destra della schiera di riserva, mosse contro la Guardia Imperiale, l'abbattè e ne fece un orrendo macello.

Il nemico dalle sue schiere di riserva e del mezzo trasse fuori altri corpi per difendere Friedland.

Vani sforzi! Friedland fu espugnata.

Il centro, a cui era preposto il Maresciallo Lannes, fu in questo punto tirato in battaglia. Non essendo riuscito lo sforzo che il nemico aveva fatto contro l'estremità della destra dell'esercito francese, volle tentare un simigliante sforzo contro il centro.

Gli fu risposto come era da promettersi dalle valorose divisioni Oudinot e Verdier, e dal Maresciallo che le guidava. Il marciare delle nostre colonne non potè essere arrestato dalle cariche di fanti e di cavalli. Tutti gli sforzi del valor russo andarono in fallo; non successe loro di sdrucire nei nostri, e vennero a incontrare la morte sulle nostre baionette.

Il Maresciallo Mortier, che durante tutta la giornata diede gran saggi di costanza e d'intrepidezza, si spinse allora innanzi, e fu sostenuto dai fucilieri della Guardia, a cui era preposto il generale Savary.

Cavalleria, fanteria, artiglieria, tutti se ne fecero onore. La Guardia Imperiale a piedi e a cavallo, e due divisioni ch'appartenevano alle riserve del primo Corpo non sono entrate in battaglia.

La vittoria non è stata dubbia un istante.

Il campo di battaglia è dei più orribili che si possa vedere. Non si uscirebbe del vero a dire che sono morti [da] quindici a diciottomila Russi.

Il danno dei Francesi non giunge a cinquecento morti, né a più di tremila feriti.

Noi abbiamo preso ottanta cannoni, e una gran quantità di cassoni. Parecchie bandiere caddero in nostre mani. Venticinque generali russi furono uccisi o feriti.

Il danno della cavalleria è infinito.

I carabinieri e i corazzieri, al comando del generale Nansouty, e le diverse divisioni di dragoni si sono segnalati.

Importanti servigi rese il generale Grouchy, a cui obbediva la cavalleria dell'ala sinistra. Il generale Drouet, capo dello stato maggiore del Corpo d'armata del generale Lannes; il generale Cohorn, il colonnello Regaud, del 15 di linea; il colonnello Lajonquière, del 6° di linea; il colonnello Lamotte, del 4° di dragoni, e il generale di brigata Brun, sono stati feriti. Il generale di divisione Lautour-Maubourg fu ferito nella mano.

Il colonnello d'artiglieria de Forno e il capo squadrone Hunter, primo Aiutante di campo del generale Oudinot, sono stati uccisi.

Gli Aiutanti di campo dell'Imperatore, Mouton e Lacoste parimente feriti.

Per la notte non si rimase d'inseguire il nemico, ma fu rincorso fino alle undici della sera. L'altre ore della notte, le colonne ch'erano state tagliate fuori si sono provate di varcar l'Alle, a vari guadi.

La domane, per ogni dove, e a parecchie leghe d'attorno trovammo cassoni, cannoni, carri perduti nel fiume.

La battaglia di Friedland è degna d'essere posta a fianco a quelle di Marengo, d'Austerlitz e di Jena.

Il nemico era numeroso, aveva una bella e forte cavalleria, e s'è battuto con coraggio.

Il giorno dopo, il 15, mentre il nemico studiava di rattestarsi, e si ritirava sulla diritta dell'Alle, l'esercito francese, seguiva ad operare sulla sinistra riva, per tagliarlo fuori da Königsberg.

Le teste delle colonne sono giunte insieme a Wehlau, città posta al confluente dell'Alle, e della Pregel. L'Imperatore aveva il suo principale alloggiamento al villaggio di Peterswalde.

Il 16, allo spuntare del giorno, il nemico, avendo tagliato tutti i ponti, si valse di quest'impedimento per continuare a ritirarsi alla volta della Russia. A otto ore della mattina, l'Imperatore fece gettare un ponte sulla Pregel, e l'esercito vi si assituò.

Il nemico gettò nel fiume od arse tutte le provvisioni ch'avea nei magazzini sull'Alle.

Dalle reliquie si possono argomentare gl'infiniti danni ch' egli ha sofferti. Da per tutto, nei villaggi, i Russi avevano magazzini, e dappertutto nel passare gli hanno dati alle fiamme. Nientemeno noi abbiamo trovato a Wehlau meglio di seimila quintali di grano. Alla nuova della vittoria di Friedland, Königsberg fu abbandonato. Il Maresciallo Soult è entrato in questa piazza, dove si trovarono immense ricchezze, parecchie centinaia di migliaia di quintali di grano, meglio di ventimila feriti russi e prussiani, tutte le munizioni di guerra che l'Inghilterra ha spedite alla Russia; e tra l'altre cose centosessantamila fucili non sbarcati ancora.

Ecco come la Provvidenza ha punito coloro, che invece di negoziare lealmente per riuscire nella salutare opera della pace, la recarono a beffe e ad inganno, scambiando per debolezza e impotenza la moderazione del vincitore. L'esercito occupa qui il più bel paese del mondo. Le sponde della Pregel sono ricche. I magazzini e le canove di Danzica e di Königsberg ci daranno di corto nuovi mezzi di abbondanza e di salute.

I nomi dei valorosi che si sono segnalati, il minuto racconto di ciò che ciascuno ha compiuto non possono entrare negli stretti confini di un bullettino, e lo Stato Maggiore si travaglia a raccogliere tutti i fatti.

Il principe di Neuchâtel, nella battaglia di Friedland ha dato notevoli saggi di zelo e di abilità. Molte volte avvenne che si trovasse nel forte della mischia, e vi ha provveduto utilmente.

Il nemico s'era rimesso in sull'armi il 3; in dieci giorni si può ragguagliare che il suo danno, per gli affari della guerra, sia stato di sessantamila uomini presi, feriti, uccisi, o inabilitati a ricombattere. Ha perduto parte della sua artiglieria, quasi tutte le sue munizioni, e tutti i suoi magazzini sopra una linea di meglio di quaranta leghe.

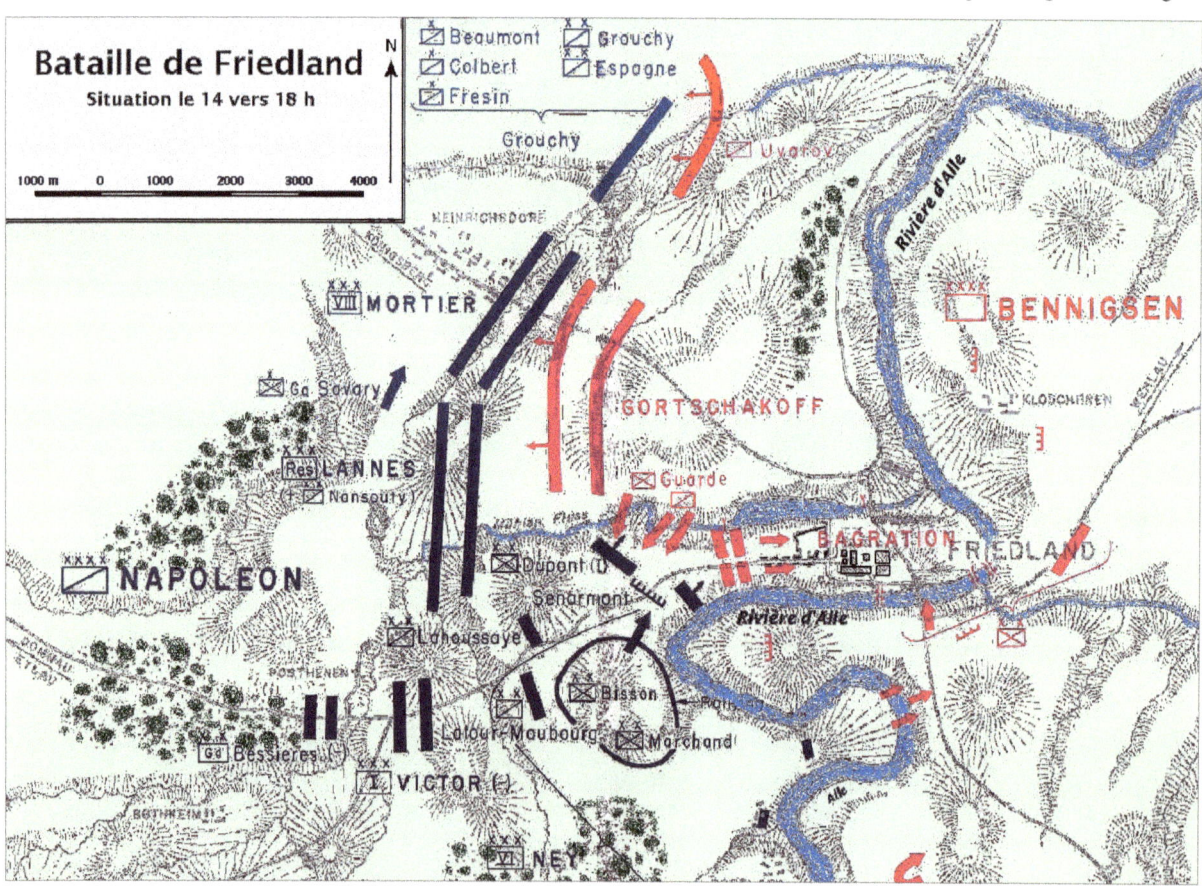

▲ Mappa della battaglia di Friedland 1807

ALL'IMPERATRICE, A SAINT-CLOUD.

Friedland, 15 giugno 1807.

Mia amica, non ti scrivo che una riga, perché sono assai affaticato ; ecco molti giorni che sono agli accampamenti. I miei figli hanno degnamente celebrato l'anniversario della battaglia di Marengo. La battaglia di Friedland sarà altrettanto celebre e gloriosa, pel mio popolo.

Tutta l'armata russa dispersa, 80 pezzi d'artiglierìa, 30.000. uomini presi o feriti, 25 generali russi uccisi, feriti o presi; la Guardia russa schiacciata: questa è una degna sorella di Marengo, di Austerlitz, e di Jena. Il bollettino ti dirà il resto. Le mie perdite non sono considerevoli; ho saputo raggirare il nemico con buon esito.

Sii senza inquietudini, e contenta.

Addio, mia amica, monto a cavallo.

NAPOLEONE.

Si può dare questa nuova come ufficiale se è giunta prima del bolletino. Si può anche sparare il cannone. Cambacérès metterà fuori la notizia.

N.

ALL'IMPERATRICE, A SAINT-CLOUD.

16 giugno, 4 ore dopo mezzogiorno, 1807.

Mia amica, ti ho spedito Moustache con la nuova della battaglia di Friedland. Dopo, ho conti nuato ad inseguire il nemico. Königsberg, che è una città di 80.000 anime, è in mio potere.

Ci ho trovato molta artiglieria, molti magazzini, ed in fine più di 60.000 fucili provenienti dall' Inghilterra.

Addio, mia amica; la mia salute è perfetta, quantunque io sia un poco raffreddato per la pioggia e pel freddo sofferto nell'accampamento.

Sii contenta ed allegra.

Tutto tuo.

ALL'IMPERATRICE, A SAINT-CLOUD.

Tilsitt 19 giugno 1807.

Questa mattina ho spedito Tascher perchè venga a calmare tutte le tue inquietudini.

Qui tutto va per il meglio.

La battaglia di Friedland ha deciso di tutto. Il nemico è confuso, atterrito, ed estremamente indebolito.

La mia salute è buona, e la mia armata è superba.

Addio, mia amica, sii allegra e contenta.

PROCLAMA DI S. M. ALLA *GRANDE ARMÉE.*

Al campo di Tilsitt, il 22 giugno, 1807.

Soldati !

Il 5 giugno, noi siamo stati assaliti nei nostri alloggiamenti dall'esercito russo. Il nemico non ha bene indovinate le ragioni del nostro riposo.

Troppo tardi s'è avvisto che era il riposo del leone: ora si pente d'averlo dimenticato.

Nelle giornate di Guttstadt, di Heilsberg, in quella eternamente memorabile di Friedland, in dieci giorni di guerra infine, noi abbiamo conquistato centoventi cannoni, sette bandiere; ucciso, ferito, o preso sessantamila Russi; tolto al nemico tutti i suoi magazzini, i suoi ospedali, le sue ambulanze, la piazza di Königsberg, i trecento navigli che si trovavano in questo porto, carichi d'ogni maniera di munizioni, centosessanta mila fucili, che l'Inghilterra spediva per armare i nostri nemici.

Dalle rive della Vistola noi siamo giunti sopra quelli del Niemen con la velocità dell'aquila.

Voi celebraste a Austerlitz l'anniversario dell'incoronazione; voi avete celebrato quest'anno quello della battaglia di Marengo, che pose fine alla guerra della seconda coalizione.

Francesi!

Voi siete stati degni di voi e di me.

Voi tornerete in Francia carichi dei vostri allori, dopo conseguita una pace gloriosa che porti seco la sicurezza della sua durata.

Egli è tempo che la vostra patria viva in riposo, fuori del maligno influsso dell'Inghilterra.

I miei benefizi vi proveranno la mia riconoscenza, e tutta la grandezza dell'amore che vi porto.

ALL'IMPERATRICE, A SAINT-CLOUD

Tilsitt 22 giugno 1807.

Mia amica, ho ricevuta la tua lettera del 10 giugno.

Sento con dispiacere che tu sia cosi melanconica. Vedrai dal bollettino eh» ho conclusa una sospensione d'armi, e che si tratta la pace. Sii con tenta ed allegra. Ti ko mandato Borghesi, e dodici ore dopo Moustache; cosicchè devi aver ricevute presto le mie lettere e le nuove della bella giornata di Friedland.

Io sto a meraviglia e tu devi sentirti felice.

Tutto tuo.

ALL'IMPERATRICE, A SAINT-CLOUD.

5 giugno 1807.

Mia amica, ho veduto ora l'Imperatore Alessandro; sono contentissimo di lui; è un bellissimo buono e giovane Imperatore: ha più spirito di quel lo che comunemente si creda.

Domani viene ad alloggiare in Tilsitt.

Addio mia amica; desidero moltissimo che tu stia bene, e sii contenta.

La mia salute è buonissima.

L'imperatore Napoleone, l'imperatore Alessandro, e il re di Prussia rimasero insieme quasi un mese a Tilsitt; i due imperatori ed il re firmarono la pace, rispettivamente il 7 luglio con lo zar Alessandro I di Russia ed il 9 luglio con il re Federico Guglielmo III di Prussia. Il trattato del 7 luglio fu firmato in particolare su un pontone galleggiante nel mezzo del fiume Nemunas che segnava la linea di demarcazione tra le zone di influenza francese e russa; Napoleone creò il regno di Wesftalia per suo fratello Girolamo.

ALL'IMPERATRICE, A SAINT-CLOUD.

3 luglio 1807.

Mia amica, il Sig. di Turenne ti darà tutti i dettagli su quello che si fa qui; tutto va benone.

Credo di averti detto che l'Imperatore di Russia fa brindisi alla tua salute con molta amabilità.

Egli pranza tutti i giorni assieme col re di Prussia da me.

Desidero che tu sia contenta.

Addio, mia amica ; mille amabili cose.

ALL'IMPERATRICE, A SAINT-CLOUD.

[S.D.]

Ho ricevuta la tua lettera del 25 giugno.

Ho veduto con dispiacere che tu eri un'egoista , e che i successi delle mie armi sarebbero per te senza attrattive .

La bella regina di Prussia oggi deve venire a desinare da me. Io sto bene, e desidero molto di rivederti, quando il destino lo avrà fissato.

Ciò malgrado, è possibile che questo non tardi molto.

Addio, mia amica; mille cose amabili.

ALL'IMPERATRICE, A SAINT-CLOUD.

7 luglio 1807.

Mia amica, la regina di Prussia, ha pranzato ieri con me.

Ho avuto un bel fare a difendermi perchè voleva obbligarmi a fare ancora varie concessioni a suo marito; ma sono stato galante, ed ho seguita la mia politica.

Essa è amabilissima. Ti farei anche dei dettagli, ma però mi sarebbe impossibile darteli senza essere troppo lungo. Quando leggerai questa lettera, la pace colla Prussia e la Russia sarà conclusa, e Girolamo riconosciuto re di Westfalia, con tre milioni di popolazione.

Queste notizie per te sola.

Addio mia amica, ti amo e voglio sentire che sei contenta ed allegra.

ALL'IMPERATRICE, A SAINT-CLOUD.

Il 18 a mezzogiorno 1807.

Mia amica, sono giunto ieri a cinque ore di sera a Dresda, con buonissima salute, quantunque sia stato cento ore in carrozza senza uscire.

Qui sono nel palazzo del re di Sassonia, dove sono contentissimo.

Mi sono dunque avvicinato a te più di mezzo cammino. Potrebb'essere che una di queste belle notti io piombi in Saiut-Cloud come un amante geloso!

Te ne prevengo.

Addio, mia amica ; avrò gran piacere a vederti.

Tutto tuo.

La pace europea sembrava ristabilita, ed il sistema napoleonico saldamente consolidato. Napoleone, tornato a Parigi, così riassunse questi grandi successi al Corpo legislativo, all'apertura della sessione dell'agosto 1807:

DISCORSO DI S. M. L'IMPERATORE E RE ALL'APERTURA DELLA SES SIONE DEL CORPO LEGISLATIVO

Parigi, 16 agosto 1807.

Signori deputati dei dipartimenti al corpo legislativo, signori tribuni e membri del mio Consiglio di Stato.

Dopo la vostra ultima sessione, nuove guerre, nuovi trionfi, nuovi trattati di pace hanno mutato forma all'Europa politica.

Se la casa di Brandeburgo, che fu la prima a congiurare contro la nostra indipendenza, regna ancora, essa ne deve render grazie alla sincera amistà, con la quale mi ha avvinto il possente imperatore del Nord.

Un principe francese regnerà sull'Elba [Gerolamo, re di Westfalia]: egli saprà accordare gl'interessi de'miei nuovi sudditi coi suoi primi e più santi doveri.

La casa di Sassonia ha racquistato, dopo cinquanta anni, l'indipendenza ch'ella aveva perduta.

I popoli del ducato di Varsavia, della città di Danzica, hanno racquistato la loro patria, e i loro diritti. Tutte le nazioni di pari concordia si allegrano di vedere irrevocabilmente annullata la malefica autorità che l' Inghilterra esercitava sul Continente

La Francia è congiunta ai popoli di Germania con le leggi della confederazione dei Reno, ai popoli della Spagna, dell'Olanda, della Svizzera e della Italia, con le leggi del nostro sistema federativo.

Le nuove nostre relazioni con la Russia sono confermate dalla stima che si professano queste due grandi nazioni. In tutte le opere mie, io ho inteso unicamente alla felicità dei miei popoli, che io tengo più cara della mia propria gloria.

Io desidero la pace marittima. Le mie determinazioni non si sentiranno mai d'alcun rancore: non saprei nemicare una nazione, ludibrio e bersaglio delle parti che la lacerano, ed alla quale si fa fraintendere lo stato dei suoi affari, come quello de' suoi vicini.

Ma qualunque sia l'esito che i decreti della Provvidenza abbiano assegnato alla guerra marittima, i miei popoli mi troveranno sempre quel desso, ed io troverò i miei popoli sempre degni di me.

Francesi, i vostri portamenti in questi ultimi tempi, nei quali il vostro imperatore v'era lontano più di cinquecento leghe, hanno cresciuto nella mia estimazione il buon concetto che io avevo formato di voi.

Io sono stato altero di trovarmi il primo tra voi.

Se in questi dieci mesi di assenza e di perigli, io non sono uscito dal vostro pensiero, i documenti d'affetto che mi avete porti mi hanno sempre vivamente commosso.

Tutta la mia sollecitudine, tutto ciò che poteva conferire alla mia preservazione non m'era a cuore se non perchè stava nel cuore a voi, e per l'importanza di cui poteva essere alla vostre condizioni avvenire. Voi siete un buono e grande popolo.

Io ho rivolto nell'animo alcuni provvedimenti per recare a maggiore semplicità e perfezione le nostre istituzioni.

L'istituzione della Legione d'Onore ha prodotto ottimi effetti.

Io ho creato diversi titoli imperiali a fine di accrescere splendore ai primi dei miei sudditi, a fine di onorare con splendide ricompense gli splendidi servigi, e per far altresì che non si revochi in vita nessun titolo feudale, che non s'accorda con le nostre costituzioni. I conti de' miei ministri nelle finanze e del tesoro pubblico vi faranno noto il fiorente stato delle nostre finanze.

I miei popoli godranno un notevole sgravio nella contribuzione prediale. Il mio ministro degli affari interni vi darà ragguaglio dei lavori che si sono intrapresi o condotti a termine; ma quello che rimane a fare è ancora di maggior conto; perchè io voglio, che in tutte le parti del mio impero, eziandio nel più piccolo casale si accrescano l'agiatezza dei cittadini, e il valore delle terre per effetto del sistema ge nerale di miglioramenti che io ho disegnato nell'animo.

Signori deputati dei dipartimenti al corpo legislativo; io avrò mestieri d'essere assistito da voi per conseguire questo gran fine, ed ho diritto che non siate mai per mancarmi.

Questa volta Napoleone indossa, oltra al celeberrimo bicorno *à la Brienne*, l
a divisa dei *Grenadiers à pied de la Garde impériale*

Generale Jean Jacques Desvaux de Saint Maurice, barone dell'Impero

Haut les têtes, la mitraille n'est pas de la merde!
I *Grenadiers à cheval de la Garde* ad Eylau, 8 febbraio 1807

Ufficiale dei *Grenadiers à cheval de la Garde*, Eylau 1807

Trombettiere dei *Dragons de l'Impératrice*, 1807

Ufficiale e trombettiere dei *Dragons de l'Impératrice* in tenuta da campagna

Ufficiale e subalterno, dei *Dragons de l'Impèratrice*, rive del Baltico, 1807

Artigliere a cavallo della Guardia in alta tenuta

Cuirassier del *1er Regiment* in tenuta di servizio, Eylau 1807

Sergente e corazziere del *3me Regiment* con *manteau-capote* in esplorazione

Trombettiere del *7me Cuirassieurs*, Friedland 1807

Sous Chef d'Escadron, 9me Hussards

Trombettiere del *4me Hussards* in alta tenuta, Friedland 1807

Ufficiale del 3me *Hussards*

Ussaro e ufficiale della compagnia d'*elite* del *7me Hussards*, Friedland 1807

Capitano del *7me Hussards* in alta tenuta, 1807

NOTA BIBLIOGRAFICA

AAVV, *Histoire et Dictionnaire du Consulat et de l'Empire*, Paris, 1995.

M. Arrous *et al.*, *Austerlitz: Napoléon au coeur de l'Europe*, Paris, 2007.

A. Auger, J. Garnier, V. Rollin, D. Casali (curr..) (pref. J di. Tulard), *Napoléon Bonaparte*, Paris, 2004.

A. Barbero, *La guerra in Europa dal Rinascimento a Napoleone*, Roma, 2003.

H. Belloc, *Napoleone*, tr.it. Milano, 1967.

L. A. Berthier, *Relation de la bataille d'Austerlitz*, in J. Garnier (a cura di), *Relations et rapports officiels de la bataille d'Austerlitz*. Paris 1998.

A. Blin, *Iéna, 1806*, Paris, 2003

G. Blond, *Vivere e morire per Napoleone, Storia della Grande Armée*, tr.it.Milano, 1998.

E. Bukhari, *Napoleon's Marshals*, London, 1979.

J.C. Carmigniani, J. Tranié, *Napoléon et l'Allemagne. Prusse 1806*, Paris, 1984.

A. Castelot, *Bonaparte*, Paris, 1967.

A. Castelot, *Napoleon*, Paris, 1968.

D. G. Chandler, *Le campagne di Napoleone*. 2 voll., tr.it. Milano,1968.

D. G. Chandler, *Austerlitz 1805*, Oxford, 1990.

D. G. Chandler, *Jena 1806*, Oxford, 1993.

D. G. Chandler, *I marescialli di Napoleone*, tr.it. Milano, 1996.

J. R. Coignet, *Cahiers du capitaine Coignet*, Paris, 1968.

R. Chartrand, *Napoleonic Wars: Napoleon's Army*. London, 1996.

O. Connelly, *The Wars of the French Revolution and Napoleon, 1792-1815*, London, 2005.

V. Criscuolo, *Napoleone*, Bologna, 1997.

C. Duffy, *Austerlitz 1805*, London, 1999.

J. R. Elting, *Swords Around a Throne: Napoleon's Grande Armée*. London, 1988.

J. V. Esposito, J. R. Gatking, *A Miltary History and Atlas of the Napoleonic Wars*, New York, 1964.

G. Fremont-Barnes, *Napoleon Bonaparte: Leadership, Strategy, Conflict*, Oxford, 2012.

J. Garnier, *Austerlitz: 2 décembre 1805*, Paris, 2005.

D. Guerrini, *La manovra napoleonica d'Ulm*, Roma, 1925.

P. Griffith, *French Napoleonic Infantry Tactics 1792–1815*. Oxford, 2007.

P.J. Haythornthwaite, *Napoleon's Military Machine*. Staplehurst 1988.

P.J. Haythornthwaite, *The Napoleonic Wars' Source book*, London, 1990.

P.J. Haythornthwaite, *Die Hard! Famous Napoleonic Battles*, London, 1996.

P.J. Haythornthwaite, *Napoleonic Infantry*, London, 2001.

P.J. Haythornthwaite, *Napoleonic Cavalry*. London, 2001.

P.J. Haythornthwaite, *Napoleon's Commanders (1) 1792- 1809*, Oxford, 2001.

D. D. Horward, *Napoleonic Military History: A Bibliography*, New York- London, 1986.

F. G. Hourtouille, *Austerlitz, 1805 le soleil de l'Aigle*, Paris, 2003.

F. G. Hourtouille, *Jena- Auerstadt, 1806 le triomphe de l'Aigle*, Paris, 2006.

F. G. Hourtouille, *D'Eylau à Fiedland, 1807 la Campagne de Pologne*, Paris 2007.

H. Lachouque, *Napoléon et la garde impériale*, Paris, 1957.

H. Lachouque, *Napoléon à Austerlitz*, Paris, 1961.

H. Lachouque, *Iéna*, Paris, 1962.

H. Lachouque, *Napoléon, 20 ans de campagnes*, Paris, 1964.

A. L. de Langeron, *Journal inédit de la campagne de 1805*. Paris,1998 .

F. Loraine Petre, *Napoleon's Conquest of Prussia 1806*, London, 1907 (rist. 1993),

F. Loraine Petre, *Napoleon's Campaign in Poland 1806-1807*, London, 1907 (rist.1976).

F. Loraine Petre, *Napoleon and the Archduke Charles*, London, 1909.

L. Madelin, *Histoire du Consulat et de l'Empire*, Paris, 1937-1948.

C. Manceron, *Ce jour là: Austerlitz, 2 decembre 1805*, Paris, 1960.

.B. de Marbot, *Mémoires du général Baron de Marbot*, Paris, 1892.

J. Marquet de Montbreton de Norvins, *Histoire de Napoléon*, Paris 1827 .

R. Muir, *Tactics and the Experience of Battle in the Age of Napoleon*, London, 2000.

Napoleone I, *Oeuvres de Napoleon Bonaparte...* , Paris,1821.

Napoleone I, *Lettere di Napoleone a Giuseppina, durante la prima campagna d'Italia, il consolato e l'impero; e lettere di Giuseppina a Napoleone ed a sua figlia*, Bastia, 1834.

Napoleone I, *Opere scelte di Napoleone I, ordinate in modo da formare la sua storia, e recate in Italiano da Ferdinando Banalli*, Firenze, 1847.

Napoleone I, *Commentaires de Napoléon I*, 6 voll., Paris, 1867.

Napoleone I, *Proclami discorsi e scritti militari*, Milano, 1930.

Napoleone I, *Oeuvres literaires et écrits militaires de Napoléon* (a cura di J. Tulard), 3 voll., Paris, 1967- 1969.

F. Naulet, *Friedland (14 juin 1807) : La campagne de Pologne, de Danzig aux rives du Niémen*, Paris, 2007

D. Nicholls, *Napoleon: a biographical companion*, London, 1999.

N. Griffon de Pleineville, V. Chikanov, *Napoléon en Pologne. La campagne de 1806-1807*, Paris, 2008.

R. Ouvrard, *Iéna avec Napoléon : La campagne de Prusse par ceux qui l'ont vécue*, Paris, 2006.

D. Quintin, B. Quintin, *Austerlitz, 2 décembre 1805 : dictionnaire biographique des soldats de Napoléon tombés au champ d'honneur*, Paris, 2004.

J. Rapp, *Mémoires du général Count Rapp, aide-de-camp to Napoléon*, Paris, 1823.

A. Roberts, *Napoleone il Grande*, tr.it. Novara, 2015.

G. E. Rothenberg, *The Art of Warfare in the Age of Napoleon*. London, 1977.

Ph. de Ségur, *An Aid-de-camp of Napoleon. Memoirs of General Count of Ségur*, New York, 1895

L. Scalabrino, G. Pierozzi., *Jena-Auerstädt 1806. La "Blitzkrieg" di Napoleone*, Firenze, 2008.

D. Smith, *Napoleon's Regiments*. London, 2000.

J. Sutherland, *Napoleonic Battles*, Shrewsbury, 2003.

K. Stutterheim, *La Bataille d'Austerlitz, par un militaire témoin de la journée du 2 décembre 1805 par le général major autrichien Stutterheim*, Paris 1806.

A. Thiers, *Histoire du Consulat et l'Empire faisant suite à l'Histoire de la Révolution française*, 7 voll, Paris, 1847.

C. Thoumas, *Le maréchal Lannes*, Paris, 1891.

J. Tulard, *Napoleone*, tr.it. Milano, 1980.

J. Tulard, *Napoléon: les grands moments d'un destin*, Paris, 2006.

J. Tulard, *Dictionnaire amoureux de Napoléon*, Paris, 2012.

A. Uffindell, *Great Generals of the Napoleonic Wars and their Battles 1805–1815*, Staplehurst, 2003.

S.Valzania, *Austerlitz. La più grande battaglia di Napoleone*. Milano, 2005

Ufficiale subalterno del *6me Regimentde cuirassiers*, 1807

SOLDIERS, WEAPONS & UNIFORMS ALREADY PUBLISHED
(SOME TITLES)

UNIFORMS OF RUSSIAN ARMY IN THE ERA OF ANCIENT TZAR
FROM THE REIGN OF VASILI IV TO MICHAEL I, ALEXIS, FEODOR III DURING THE XVII th CENTURY
A.V.VISKOVATOV
LUCA STEFANO CRISTINI
SWU-600-004

UNIFORMS OF RUSSIAN ARMY OF PETER I THE GREAT
FROM THE REIGN OF PETER I TO CATHERINE I, PETER II, ANNA AND IVAN VI. 1682-1741
A.V.VISKOVATOV
LUCA STEFANO CRISTINI
SWJ-700-006

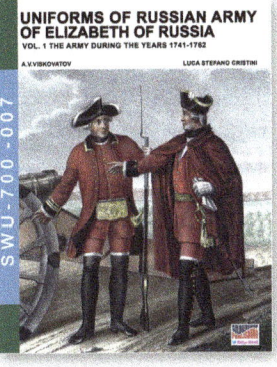

UNIFORMS OF RUSSIAN ARMY OF ELIZABETH OF RUSSIA
VOL. 1 THE ARMY DURING THE YEARS 1741-1762
A.V.VISKOVATOV
LUCA STEFANO CRISTINI
SWU-700-007

UNIFORMS OF RUSSIAN ARMY OF ELIZABETH OF RUSSIA
VOL. 2 THE ARMY DURING THE YEARS 1741-1762
A.V.VISKOVATOV
LUCA STEFANO CRISTINI
SWU-700-008

UNIFORMS OF RUSSIAN ARMY IN THE XVIII CENTURY VOL. 1
UNDER THE REIGN OF CATHERINE II EMPRESS OF RUSSIA BETWEEN 1762 AND 1796
A.V.VISKOVATOV - LUCA STEFANO CRISTINI
SWU-700-005

UNIFORMS OF RUSSIAN ARMY IN THE XVIII CENTURY VOL. 2
UNDER THE REIGN OF CATHERINE II EMPRESS OF RUSSIA BETWEEN 1762 AND 1796
A.V.VISKOVATOV - LUCA STEFANO CRISTINI
SWU-700-009

UNIFORMS OF RUSSIAN ARMY IN THE XVIII CENTURY VOL. 3
UNDER THE REIGN OF CATHERINE II EMPRESS OF RUSSIA BETWEEN 1762 AND 1796
A.V.VISKOVATOV - LUCA STEFANO CRISTINI
SWU-700-010

UNIFORMS OF RUSSIAN ARMY IN THE XVIII CENTURY VOL. 4
UNDER THE REIGN OF CATHERINE II EMPRESS OF RUSSIA BETWEEN 1762 AND 1796
A.V.VISKOVATOV - LUCA STEFANO CRISTINI
SWU-700-011

BRITISH ARMY UNIFORMS IN 1742
IN THE ART OF JOHN PINE
SWU-700-001

PRUSSIAN & AUSTRIAN ARMY UNIFORMS IN 1742-1770
LUCA STEFANO CRISTINI
SWU-700-002

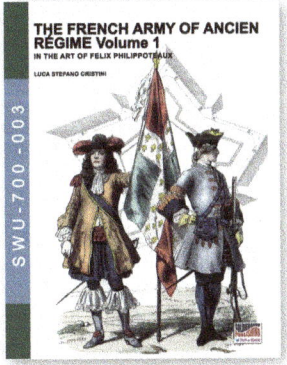

THE FRENCH ARMY OF ANCIEN RÉGIME Volume 1
IN THE ART OF FELIX PHILIPPOTEAUX
LUCA STEFANO CRISTINI
SWU-700-003

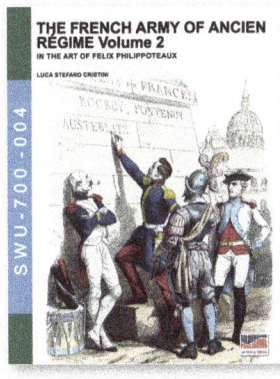

THE FRENCH ARMY OF ANCIEN RÉGIME Volume 2
IN THE ART OF FELIX PHILIPPOTEAUX
LUCA STEFANO CRISTINI
SWU-700-004

THE EXERCISE OF ARMES
JACOB DE GHEYN II - LUCA S. CRISTINI
SWU-600-001

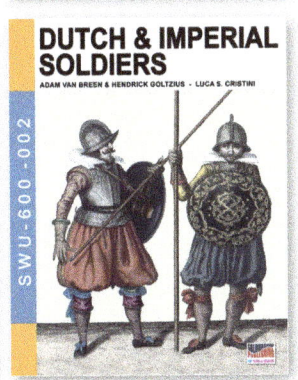

DUTCH & IMPERIAL SOLDIERS
ADAM VAN BREEN & HENDRICK GOLTZIUS - LUCA S. CRISTINI
SWU-600-002

HORSEMEN IN THE 16TH & 17TH C.
JACOB DE GHEYN II - A.DE BRUYN - LUCA S. CRISTINI
SWU-600-003

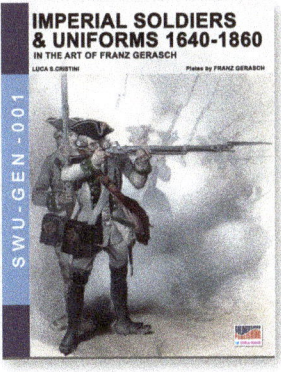

IMPERIAL SOLDIERS & UNIFORMS 1640-1860
IN THE ART OF FRANZ GERASCH
LUCA S.CRISTINI
Plates by FRANZ GERASCH
SWU-GEN-001

www.ingramcontent.com/pod-product-compliance
Lightning Source LLC
Chambersburg PA
CBHW041146120626
46547CB00020B/3138